2025

从数字生活到数字社会

中国数字经济年度观察

美团社会价值中心 ◎ 编著

经济管理出版社
ECONOMY & MANAGEMENT PUBLISHING HOUSE

—专家推荐语—

邓国胜

清华大学21世纪发展研究院院长、教授

在数字化浪潮席卷全球的今天，科技与社会的深度融合正以前所未有的方式重塑我们的生活。本书以生动的案例和深刻的洞察，展现了数字技术如何赋能社会治理、公益慈善和城市更新，让冰冷的数据和算法焕发出人性的温度。

书中令我印象深刻的是，技术不仅解决了“最后一公里”的配送难题，更通过“小哥码”“骑手友好社区”等创新实践，弥合了新就业群体与城市之间的隔阂，让流动的劳动者成为社区治理的参与者与“毛细血管”。而在公益领域，区块链、AI等技术的应用，让捐赠透明化、救助精准化成为可能，甚至让残障群体通过“技术平权”获得平等的发展机会。这些探索不仅体现了“科技向善”的力量，也为社会难题的解决提供了可复制的“中国方案”。

本书的价值在于既记录了企业如何以技术创新回应社会痛点，又揭示了多元主体协同共治的路径。无论是政府、企业、社会组织，还是公众，都能从中找到参与社会进步的角色、获得新的灵感。期待更多读者通过本书，看到技术背后的人文关怀，共同推动一个更具包容性和可持续性的未来。

肖红军

中国社会科学院工业经济研究所研究员、中国企业管理研究会副会长兼秘书长

一个个醒目的数字，一句句形象的表达，一个个熟悉的人物，一家家熟知的企业，一个个鲜活的故事，一幕幕真实的场景，一张张会说话的图片，一个个感人的瞬间，这本书让我们身临其境于丰富多彩的数字生活和充满新奇的数字社会。在这里，我们触摸到中国互联网发展三十年的脉搏，看到了中国互联网从“模仿者”到“领先者”的逆袭，深信中国互联网发展的光明前景。在这里，我们感慨于数字化生存如此之快成为现实，感触到数字商业模式如此巨大地改变了每一个人的生活，感动于数字公益能够让如此多的爱心力量汇聚起来。在这里，我们体验到数字消费正在塑造中国消费的未来形态，目睹了数字科技正在不断催生新质生产力，看到了数字企业正在为破解新职业难题付出努力，感受到数字化的社会治理正在让城市回归人情味和烟火气。这本书既是一本行业发展极简史，又是一部数字社会现实写照之作，更是一次科技为人、智能向善的生动导读。

王天玉

中国社会科学院法学研究所研究员

本书以“数字中国”三十年演进为经，以权益结构变迁为纬，通过翔实的数据与鲜活的案例，揭示了数字技术如何重塑社会生态：消费平权让边缘群体分享市场红利，智能生产把产权、竞争与环保提升到数字维度；用工形态走向跨组织协作，推进劳动和社保制度迭代；社区治理借平台技术融合公序良俗，助力国家—市场—社会共治的多元系统；公益慈善凭数据透明化完成信任重构。平台算法治理、养老保险试点的创新探索，现实地证明了“鼓励创新”与“规避风险”可以并行不悖。面向未来，平台企业应持续发挥技

术向善的自觉，培育优化伙伴生态的内生动力，以算法透明、保障随身、绿色发展为目标，在数字时代法治蓝图里写下浓重的一笔。

徐晓新
北京师范大学中国公益研究院院长

人类社会发展以实现人的全面而自由的发展为旨归，这也是现代化的最终目标。《2025从数字生活到数字社会》以翔实的数据和生动的案例，呈现了2024~2025年数字技术驱动中国社会变革的精彩片段和感人瞬间。这些片段和瞬间连缀成一幅数字社会美好生活的全景。

掩卷而思，在迈向数字社会的道路上，实践创新已走在了理论研究的前面。当学术界还在为数字化浪潮是创造了包容性发展机会还是加剧了不平等的风险、人工智能爆发会带来失业潮还是创造更多就业机会这类问题争论不休时，中国数字经济和数字社会的实践正在用行动对这些问题做出积极乐观的回答：从不断攀高的老年人互联网普及率到各地涌现的老年“知识网红”，“老年人=技术弱势群体”的刻板印象正在老年人和数字技术在政策支持下的双向奔赴中被颠覆；从网络主播到快递小哥，从无人机操控员到外卖骑手，与新业态伴生的新就业机会正在被规模化地创造出来；从汇聚商家善意的美团乡村操场，到聚合企业公益圈力量的数字关爱券……商业生态和科技向善已成为托举每一个人畅享数字社会美好生活的重要力量。

阅读书中记录的这些片段和瞬间，我常被强烈的现场感和浓郁的烟火气所感染。我相信，每位读者，无论是研究者、实践者，还是观察者，都会从本书的描绘情境中找到不少共鸣。是的，数字社会，本就属于每个人，也离不开每个人的参与。让我们一起拥抱数字技术，实现每个人全面而自由的发展。

王　强
中国人民大学商学院副教授、博士生导师，中国商业经济学会副会长

时代的缩影，未来的承诺！

阅读《2025从数字生活到数字社会》一书，三个感慨油然而生：一是从新闻到日常。1999年的“72小时网络生存测试”轰动一时，那时我正逢中国人民大学博士入学第一学期。尽管当时测试并不成功，但今日“网络生存”已成日常，“无网络生存”反而成了巨大挑战？二是从“智障”到智能。曾几何时，AI在讨论中常被戏谑为“人工智障”，其应用前景似乎遥不可及。然而，Chat GPT 问世短短数年间，AI已在诸多领域近乎实现对人类的替代，甚至引发了人类对自身未来的忧虑。三是从生活到社会。工业革命以来，家务生活的社会化替代持续演进。而平台经济的崛起与数字技术的赋能，让家务性、内部性的诸多活动，在短短二十年中完成了普遍性、连接性的社会化巨变。推荐的这本书，不仅是时代缩影的记录，更是对未来变革的承诺！

张成刚
中国新就业形态研究中心主任、首都经济贸易大学劳动经济学院副教授

作为长期关注数字经济与劳动市场互动的学者，我在阅读《2025从数字生活到数字社会》时深切感受到作者对时代脉动的精准捕捉。本书以跨越线上线下的全景视角，将外卖30分钟送达、县域数字化升级、无人机低空经济等鲜活案例编织成一张宏大的数字经济生态网，生动地展示了数字技术如何重塑消费、产业、就业、社会与公益等维度。书中对新职业谱系、算法治理与社会保障创新的描述，为理解数字经济带来的增量机遇与存量再造提供了难得的实践样本与理论框架。对正在思考如何实现高质量充分就业的人士而言，这里有平台赋能带来的就业弹性，也有对骑手超时扣款改革、灵活社保模式的理性观察；既有出海“四小龙”的全球化突围，也有小县城“明厨

亮灶”的基层治理。阅读本书，我们得以洞悉数字经济为14亿人口构筑的发展新赛道，把握产业升级、职业更迭与社会包容的协同路径。强烈推荐政策制定者、企业决策者与学术同仁阅读，从中汲取前瞻视野与行动灵感，共建更加就业友好、充满人文温度的数字中国。

吕建中

全球报告倡议组织（GRI）董事，中国管理科学学会可持续发展管理专委会副主任

美团的《2025从数字生活到数字社会》用大量的数据、案例呈现了数字社会的全景，深入分析了数字对社会文明进步和商业文明进化的作用机制，指出了数字平台企业在创造经济、社会、环境相统一的复合价值活动中的实践方法。

社会与商业文明的发展已经进入了关键转折点。新商业文明的典型特征是：社会价值与商业价值的有机融合与统一；强调以人为本、生态和谐、科技向善、资源循环、商业美好；实现在经济与社会之间的公平性、经济与环境之间的活力性，以及环境与社会之间的可承载性三个维度上的增长与发展的平衡。

数字是推进新商业文明的重要力量。数字科技及应用在可持续商业中所具备的根本性质与角色定位可以用CDEV模型（如下图）表示。它在连接性、普惠性、创新性、成长性方面发挥着关键作用。要使数字的力量得以正向和充分的延展，必须突破数字在技术层、产业化、商业化进展这一线性维度中的桎梏，转向以科技向善、商业美好为引领的非线性增长与发展模式。因此，培育健康的数字科技载体、引导其价值方向、释放其驱动潜力与赋能效应，正是数字在构建可持续商业和社会的核心逻辑。这一逻辑的终点，不仅是实现商业价值的跃升，更是导向科技向善、商业美好与社会进步的未来蓝图。

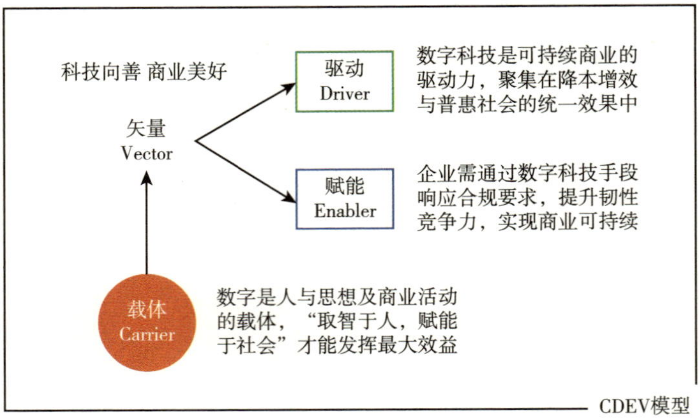

CDEV 模型

本书的重要贡献在于从梳理数字平台企业的实践入手，指出了应注重在组织内外融合中，开展社会价值共创；采取复刻数字平台“网络效应”管理模式的策略；提供创造复合价值的广阔途径和多元化载体；最终通过“共益式”社会价值共创推动广泛群体福祉的普遍持续增进。这一深入的前瞻性思考，为数字经济可持续发展，提供了有益的指引。

— 编者的话 —

这是我们第六次与您见面。

有意无意间，中国互联网已走过了30年。

让我们以用户、新技术的尝鲜者、大时代的参与者的多重身份来简单回顾数字生活30年一路走来的不可思议。

1994年，第一条64K的国际专线落地中国科学院，中国实现全功能接入国际互联网。

1995年，邮电部刚宣布开放社会互联网接入服务，当年出版的著作《数字化生存》公开宣告：2022年，数字化将决定我们的生存。

1996年，北京中关村白颐路街角竖起了一个“向北1500米”的广告牌，那里有中国第一家互联网公司瀛海威。

1997年，中国互联网络信息中心第一次发布《中国互联网络发展状况统计报告》，大篇幅的吐槽，被抱怨最狠的是：网速太慢和上网太贵。

1998年始，差不多一年多时间里，京东、阿里巴巴、当当相继诞生，后来给了世界震撼的中国电子商务进程由此拉开。

1999年，仅靠一根网线活3天的网络生存实验在北京、上海、广州展开，最后连程序员都差点活不下去。

……

2012年，中国使用手机上网的用户规模首次超过台式电脑，“弯道超车”时刻真正来临。

2013年之后，滴滴、微信、抖音、美团、拼多多……各家企业在各自的主攻方向开始了疯狂、迅猛的冲击，至此，后来塑造了中国人数字化生存的关键“基础设施”初具大观。

再后来，互联网+政务、互联网+商业、互联网+社会、互联网+公共生活，任何一个组合都在刷新中国人对未来的想象。

今天，在1分钟的时间里，超过20万个包裹穿梭在960万平方千米的土地上；大约有28.77万笔支付通过手机完成……

到2023年，中国已建成全球规模最大、技术领先的网络基础设施，几乎能涵盖每一个人。毫不夸张地说，这就是全球最为庞大、数字化应用场景最丰富多元的数字社会。

2024年，随着中国对数十个国家实施各种免签，中国成体系的现代化震撼了众多外国游客。

入网三十载，从拨号上网时那串急促的“滴滴嘟嘟”声划破寂静，到如今5G信号如空气般渗透街巷角落，数字浪潮裹挟着科技温度，“科技为人”的价值理念早已融进了普通人生活的肌理。“数字，让生活更美好”的愿景在一一实现。

然而，数字化也会遇到最难的瓶颈期，突然之间，我们开始发现，数字化似乎并不像乐观者描述的那样美好。

GDP增长将长期保持在4%~5%，向服务要增长成为必由之路，然而服务现代化早已被证明是现代化中最难的环节。

互联网的精神是公平普惠，过去5年中国互联网一直在做本地、下沉，然而下沉市场低效供给、低质体验、低端业态的改善有限，如县域服务业数字化工具使用率不足15%，近70%还在手工记账。

中国生机勃勃的数字化产业“出海”遭遇有史以来最复杂的大国博弈，不得不面对巨大的不确定风险。

更别说，数字生活、数字社会进入更高阶段后，难以避免的各种乱象，如大数据杀熟、信息茧房等。

……

当数字化经济进入存量搏杀，AI、机器人作为最可能也是最优的进阶方案，却长期停留在技术层面，产业化、商业化进展缓慢。

问题，本身就指明方向；危机，更可能是机会。

2025年的《政府工作报告》将“扩大内需”置于十大任务之首，“消费”一词出现频率较上年激增11次，成为政策焦点，延续了2024年12月中央经济工作会议对消费的提法。在人均GDP超过1万美元之后，优化和扩大服务供给，满足人民群众个性化、多样化、品质化的服务消费需求成为破局最重要的方向。

具体怎么破局，三个方面——更深入、更系统、更全面。

更深入：麦肯锡预测，到2030年，中国超过66%的个人消费增长将来自下沉市场。就像外卖已经覆盖了中国2000多个县城，那就更进一步，用数字化再做一遍县域、乡镇市场，像美团一样把前置仓开到“最后一公里”，用技术大大压缩新消费在不同能级城市传导的时间差，让夫妻店也能成为时代的幸运儿，让下沉市场的消费者不用只能看着小红书“羡慕嫉妒恨”。

更系统：中国数字化出海正向出海数字化转变，中国企业过去输出产品、输出生产线，现在开始输出技术和服务及其标准，完成从ToC的消费表层向ToB的生态重构。无论是传统制造企业还是科技企业，都开始用技术底座、生态裂变、本地深耕开启复杂地缘时代的出海新航道。

更全面：2024年，《黑神话：悟空》《哪吒之魔童闹海》突破了西方叙事对文化市场的垄断，一大批草根原创硬挤进大英图书馆的中文馆藏目录，一众中国网游短剧突袭好莱坞梦工厂的大本营，一手收获市场，一手赢得口碑。

这只是几个小小的时代切片，在书中，您将看到更多。

比如，随着AI在公众层面的普及，我们可能迎来一个一切都可以被AI重做一遍的黄金时代；随着人口老龄化，一个可能完全不同于先发国家的新消费群体正冉冉升起；技术一边让一些工作失去意义，一边正在加速创造着更多更有品质的新岗位……

互联网从诞生之时，就被寄予了极高的道德期望。我们希望技术进步最终能真正惠及每个人。

然而，我们深知，世界上最遥远的距离，是你在我身边，我却看不见。

在AI大规模落地爆发的前夜，也许数字技术正在经历“边际效应递减”，对现实的塑造速度慢了一点，但慢未必是坏事，因为它更方便让我们沉下心来，重新回溯本心。

科技的价值究竟为何？人类该如何定位自己？也许我们无需恐惧，AI从不是洪水猛兽，数字技术更非冰冷的异化力量。在每一次技术革命、每一次算法迭代的背后，“人”的尊严与福祉永远是不可动摇的锚点。

正如那句话所说，人是万物的尺度。AI只负责世界的“运行效率”，人类更需专注“定义意义”。

科技为人，一起更好！

目　录

美好瞬间

未来有数

年度真知

社会治理篇

公益篇

美好瞬间

2024年11月26日，江苏省海安高新区实验小学的学生，在校园科技节上兴致勃勃地观看智能机器人表演。

2025年8月4日，在山东省青岛市莱西市河头店镇龙泉湖新村小雨滴暑假公益课堂，志愿者在给孩子们讲解机器人未来的应用场景。

2025年4月3日，安徽合肥市庐阳区海棠街道建华文创园里，“哪吒”主题涂鸦墙扮靓餐饮一条街，吸引了游客打卡拍照。

2025年4月2日，美国网红“甲亢哥”IShowSpeed现身重庆，在下浩里老街体验手碟。“歪果仁”追更中华文化成潮流。

2025年3月20日，随着香港特别行政区行政长官李家超发出起飞指令，美团无人机载着物资，精准降落在香港科技大学。

2025年4月22日，浙江省温州市瓯海区泰康之家·瓯园养老社区，老年人在和机器人下象棋。

2025年2月25日，浙江义乌国际商贸城的经营户傅江燕在日常经营中借助DeepSeek、小商AI视创等工具，自动生成包含文案、视频画面的20多种语言的产品带货视频，吸引国内外订单，货卖全球。

2025年5月17日晚，“00后”无人机飞行工程师陆子祥和团队执飞的无人机升空进行表演。2001年出生的陆子祥，入行5年来执行了上百场飞行任务，为“魅力重庆”无人机灯光秀提供飞行服务。人力资源和社会保障部2025年最新发布的新职业，将“无人机群飞行规划员”收录其中。

2025年3月30日，读者在北京城市图书馆内享受城市公共服务。该馆以“个性化、精准化、身边化、智慧化”的智慧图书馆形象，成为文化休闲打卡胜地，并入选《TIME时代周刊》2025年度全球100佳旅行目的地榜单。

2024年4月，上海首个“骑手友好社区”及“袋鼠宝贝之家”在殷行街道开鲁社区正式落成，向骑手等新就业群体开放“暖xin驿站”，可帮助270余位新就业群体解决喝水、歇脚、充电等难题，让他们有地可待，有书可读。

2024年11月9日，招聘企业在河南省洛阳市2024年“工会帮就业”金秋招聘月活动暨退役军人现场招聘会上“直播带岗”。

外卖骑手在金地物业小区门岗处扫码进门。为破解外卖骑手“进门难”问题，金地智慧服务和美团发布了“骑手友好社区通行解决方案”。

2024年6月20日，傍晚的深中通道。深中通道是粤港澳大湾区核心交通枢纽工程，项目集“桥、岛、隧、水下互通”为一体，全长约24公里，是目前世界上综合建设难度极高的跨海集群工程之一。

2024年11月27日，安徽省芜湖市繁昌区孙村镇，车辆行驶在风景如画的农村公路上。近年来，繁昌区持续在“建好、管好、护好、运营好”农村公路上发力，全力推动农村公路高质量发展，一条条绵延的农村公路方便了群众出行，促进了乡村旅游和农业产业的发展，成为乡村振兴的“助推器”。

2025年4月9日，浙江省湖州市长兴县雉城街道一住宅小区内，外卖骑手赵非为老人免费派送午餐。长兴县招募了8名外卖骑手作为网约送餐员，试点为部分高龄、年老体弱且子女不在身边的老年人免费送餐上门，解决老人用餐难题。

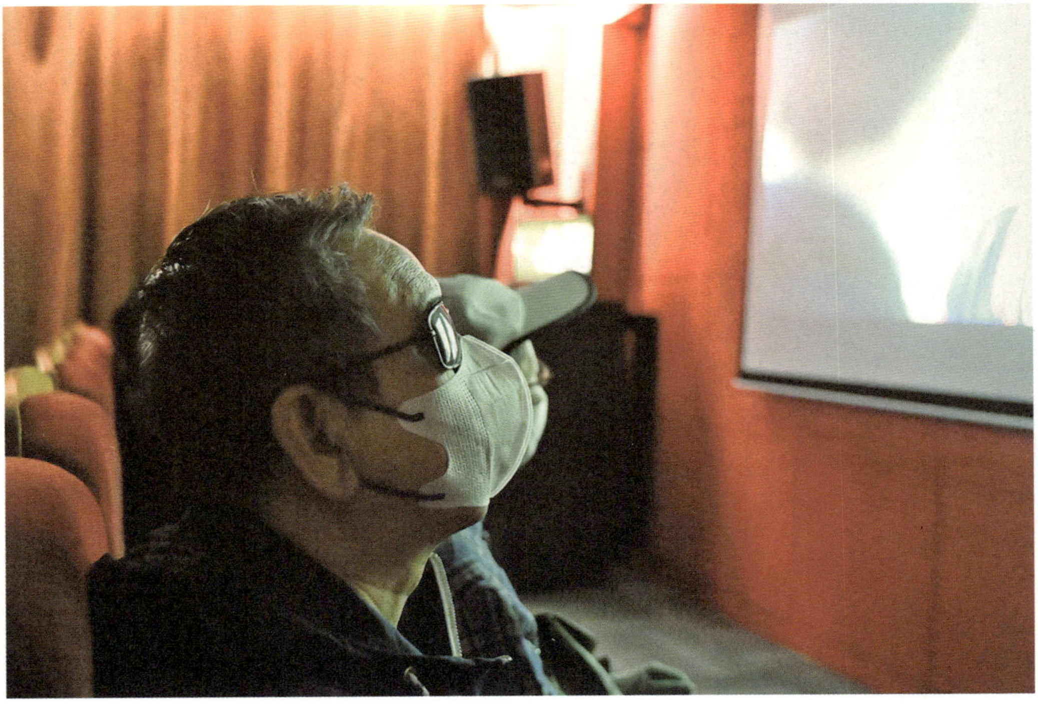

2025年4月23日，世界读书日，内蒙古自治区图书馆无障碍影院举办放映活动，邀请30多位视障人士感受电影。通过主持人“读”电影，还原电影画面和剧情。

女排世界冠军、惠基金发起人惠若琪来到全国第2294座美团乡村儿童操场——江苏省淮安市韩圩幼儿园，为乡村儿童带来一次特别的“冠军排球课”。

美团用餐饮公益商家在9月1日这天产生的捐赠订单，共同建成了第2000座美团乡村儿童操场，将这座操场作为送给青海三江源孩子们的一份特殊的开学礼物。

青山科技奖颁奖典礼现场，29位来自材料科学、环境科学等领域的青年科学家获奖。“青山科技奖”由美团于2021年发起，旨在助力双碳目标实现，促进行业绿色低碳转型。

在中华全国总工会文工团专业教师的指导下，美团袋鼠宝贝之家四季青站点“袋鼠宝贝合唱团”的孩子们登台表演。专业的声乐老师每周会来给孩子们上课。

未来有数

分类	描述
总体经济社会发展情况	2024年，全球新公开生成式人工智能专利4.5万件，我国占比达到61.5%；我国开发或应用人工智能的企业数量同比增长36%
	2024年，我国社会消费品零售总额达48.8万亿元，比上年增长3.5%；2025年1~7月，社会消费品零售总额达到28.42万亿元，同比增长4.8%
	2024年，我国货物贸易进出口总值43.85万亿元，规模创历史新高；有进出口记录的经营主体达到了70万家，数量再创新高。2025年前7个月，货物贸易进出口总值25.7万亿元，同比增长3.5%
	2025年的《政府工作报告》提出，安排超长期特别国债3000亿元继续支持消费品以旧换新，在2024年1500亿元基础上翻倍
	截至2025年6月初，中国已对47个国家单方面免签，与29个国家签订全面互免签证协定，对54个国家实施240小时过境免签
消费变迁	2024年，以中老年人为消费主体的短剧行业以504亿元的市场规模，超过了以青年人为消费主体的电影行业的425亿元票房
	2024年开始，养老机构、教育培训机构、社区等纷纷下场开办老年大学，中国老年大学协会的数据显示，过去5年，老年大学的数量年均增长速度达4.7%，增速远超本科院校
	2024年，中央加力支持“以旧换新”8大类家电产品实现销售量6200多万台，直接拉动消费近2700亿元
	2024年，我国银发经济规模在7万亿元左右，约占GDP的6%；到2035年，规模有望达到30万亿元，占GDP的10%左右
	京东在2025年1月公布的年货消费数据显示，超九成消费者远程给老家置办年货，其中七成消费者给老家买年货的预算在3000元以上，智能家居受热捧
	2025年1~6月，全国网上零售额74295亿元，同比增长8.5%。其中，实物商品网上零售额61191亿元，增长6.0%，占社会消费品零售总额的比重为24.9%
	2025年，麦肯锡发布的《新常态下的中国消费》显示，2025年我国即时零售市场规模将超过1万亿元，继续保持双位数增长，远超网络零售整体增速
	2025年上半年外国人入出境数量稳步增长，达到3805.3万人次，同比上升30.2%；其中，免签入境外国人1364万人次，占入境外国人的71.2%，同比上升53.9%
	第56次《中国互联网络发展状况统计报告》显示，截至2025年6月，我国网民规模达11.23亿人，60岁及以上银发网民规模达1.61亿人，互联网普及率达52.0%；农村网民规模达3.22亿人，互联网普及率达69.2%，农村地区能够与城市同步享受数字时代发展红利

续表

分类	描述
产业篇	美团数据显示，2024年1~11月，美团售出1.5亿份足疗团购、1亿份美甲团购、9700万份游戏币、780万份宠物疫苗和560万份艾灸
	CNNIC第55次调查报告显示，截至2024年12月，我国网上外卖用户规模达5.92亿人，较2023年12月增长4777万人，占网民整体的53.4%
	美团官方数据显示，截至2024年底，美团自动配送车累计服务近500万订单，常态化服务覆盖100多个社区
	民航局数据显示，截至2024年底，全国获得无人机运营合格证的单位达19979家，较上年新增约40%。全行业无人机注册用户突破161.9万名，同比增长近1倍。全国共颁发无人机操控员执照27.33万本，其中有效执照24.73万本，执照持有者占注册用户的15.3%
	国家统计局数据显示，2025年上半年，包括镇区和乡村的县乡市场规模占社会消费品零售总额的比重为38.9%，县乡市场消费活力持续增强。麦肯锡预测，到2030年，中国超过66%的个人消费增长将来自下沉市场
	根据美团官网数据，美团闪电仓数量已超过3万个，到2027年，美团闪电仓将超过10万个，预计GMV将达到2000亿元，覆盖全品类、全地域
	2025年7月5日，截至当日22时54分，美团即时零售当日订单突破了1.2亿单，其中，餐饮订单已超过1亿单，创下历史峰值。7月12日23时36分，美团在宣布即时零售日订单量超过1.5亿
	中国人形机器人产业大会发布的《人形机器人产业研究报告》显示，预计2025年中国人形机器人市场规模约为53亿元，同比2024年实现翻倍增长；到2035年，则有望达到3000亿元
	美团数据显示，截至2025年4月，美团无人机配送网络新增55条航线，累计完成订单52万单，覆盖深圳、上海、北京等20个城市
	粤港澳大湾区数字经济研究院（IDEA研究院）的低空经济白皮书显示，到2025年，低空经济对中国国民经济的综合贡献值将达3万亿~5万亿元
	Precedence Research数据显示，2025年全球云计算市场规模约为9127.7亿美元。未来10年市场将持续增长，到2034年市场规模有望达到5.15万亿美元，复合年增长率（CAGR）为21.2%
	方舟投资公司发布的2025年度展望报告（ARK Invest Big Ideas 2025）预测，到2030年，无人驾驶汽车市场规模有望达到10万亿美元

续表

分类	描述
新职业	人力资源和社会保障部等7部门宣布，截至2024年11月末，有1022.64万人纳入新就业形态人员职业伤害保障。美团数据显示，已为超过600万名骑手缴纳了新就业形态人员职业伤害保险，初步实现了每单必保、每人必保
	2024年人力资源和社会保障部发布的新职业目录中，在养老护理员职业类别下新增了社区助老员和老年助浴员两个工种。据不完全统计，与养老相关的新职业新工种超过15种
	2025年7月1日起，新就业形态人员职业伤害保障试点从7省市增至17个省市，并逐步推广到全国实施，并增加出行行业的滴滴出行、即时配送行业的顺丰同城、同城货运行业的滴滴货运和满帮省省等规模较大的平台企业开展职业伤害保障试点
	《中国人工智能人才培养报告》显示，我国人工智能人才缺口超500万人，其中经济大省广东的缺口达到百万级别
	2025年，全国高校人工智能与大数据创新联盟、华算人工智能研究院发布榜单数据显示，我国共有621所普通高校成功备案人工智能本科专业。我国高校人工智能专业建设工作处于快速普及阶段，目前开办人工智能专业的高校数量占全国普通高校总数比例超过50%
	国家民用无人驾驶航空器一体化综合监管服务平台的数据显示，截至2025年7月31日，全国无人机注册培训机构为3579家。而在2024年末，这一数字是1343，短短半年内便翻了一番
	民航局数据，我国持有无人机操控员执照者仅占无人机注册用户的15.3%。据有关部门测算，目前我国无人机操控员的就业人才缺口高达100万人
	《中国网络视听发展研究报告（2025）》显示，职业主播规模已达到3880万人，日直播场次已经超过350万次。而《网络主播新职业发展报告》预计，到2025年我国直播行业的人才缺口为1941.5万人
	麦肯锡研究预测，2030年，全球有4亿~8亿个工作岗位将被自动化取代，另有9亿个新工作机会将涌现
城市治理	2024年，269万新就业群体到街道社区报到，为基层治理增添“新”力量
	2024年，全国公安机关持续开展“净网2024”专项行动，依法严厉打击整治各类网络违法犯罪活动，全年共侦办网络违法犯罪案件11.9万余起
	截至2025年3月中旬，“5分钟社会救援圈”数字化急救系统已连接82万名急救志愿者，已成功救助21950位突发疾病患者，其中包括心脏骤停患者1012人

续表

分类	描述
城市治理	2025年4月，财政部办公厅、住房城乡建设部办公厅发布《关于开展2025年度中央财政支持实施城市更新行动的通知》，中央财政将按区域对实施城市更新行动城市给予定额补助，总体补助金额预计超200亿元
	截至2025年上半年，美团已在全国150多个城市与各界共建近3万个“骑手友好社区”。在已建成的“骑手友好社区”，骑手因无法进入小区所产生的未送达或退单等异常情况减少26%，因未送到指定地点、定位地址不准确等产生的用户投诉减少41%
	2025年上半年，小红书共处置虚假笔记320万篇，处置虚假人设账号1万个，处置虚假低质AIGC笔记60万篇，共封禁批量造假黑灰产账号超1000万个
公益慈善	截至2024年11月底，美团已有8507名在职残障骑手。其中，在职听障骑手有6758名，占比79%。“听障关怀功能”目前已全量覆盖全国骑手
	民政部2016年指定的29家互联网公开募捐平台，截至2024年底已累计为慈善组织发布募捐信息超过17万条，所募集的资金超过500亿元
	2024年久久公益节，乡村振兴领域的项目筹款金额占筹款总金额的58.7%，超过了教育助学、医疗救助、自然保护、关怀倡导等领域
	2024年，全国万元国内生产总值二氧化碳排放比上年下降3.4%（注：万元国内生产总值二氧化碳排放按2020年价格计算）
	2025年1月，西藏自治区日喀则定日县发生6.8级地震，社会各界捐赠款物超过16亿元
	截至2025年3月底，在149.5万家公益商家、109.6万名爱心网友的共同支持下，美团已累计建成3115座乡村儿童操场

年度真知

用户篇

中国入网30年，一根线串起的痛痒悲欢

“在广大浩瀚的宇宙中，数字化生存能使每个人变得更容易接近，让弱小孤寂者也能发出他们的心声。”

这是尼葛洛庞帝撰写的《数字化生存》中的一句译文，该书于1996年出版。尼葛洛庞帝在书中对数字化未来图景的描绘，在当时是多么不可思议。

1994年4月20日，一条64K的国际专线落地中国科学院计算机网络信息中心，中国终于与世界连上网了。

那个年代，一台486电脑约1.2万元，相当于普通工人3年的工资。关键是486并不那么聪明，很多简单的事都干不了。

谁能想到，《数字化生存》所描绘的内容在30年后的今天已经成为很多中国人的日常。

网络把地球变平了，扫码支付的小店开到了地球海拔最高的珠穆朗玛峰上，走几十里看不到一个人的新疆也被纳入“包邮区”，连八十老妪都能熟练地敲键盘、刷手机……工作、生活、娱乐、社交，互联网几乎无处不在。

《数字化生存》也深刻影响了张朝阳、李彦宏、马化腾、王兴等一批中国年轻人，他们后来被称作中国互联网创业者的“教父”，给中国人带来了以搜狐为代表的门户网站、以百度为代表的搜索引擎、以QQ和微信为代表的社交软件、以美团为代表的生活服务新业态。

如果说，中国入网的上半程是姗姗来迟、埋头追赶，那么中段尤其是智能手机逐渐普及后，后发优势则逐渐爆发，中国甚至成为全世界移动互联网众多商业模式的发源地。就连硅谷，也不得不开始重新打量中国的互联网公司，并开启模仿模式，从移动支付到直播电商，从外卖到短视频社交，这些便利而多彩的中式“数字化生存”模式影响全球越来越多的人。

在用户篇，我们看到入“网”30年，中国已成为全球最大的互联网市场，拥有全球最多的网民和移动互联网用户，它缔造了全球最活跃的互联网技术和应用创新生态。

新业态、新模式、新服务、新技术不断涌现，依托数字化、智能化、绿色化、健康化的新型消费活跃在城市和县域，与中央经济工作会议上提出的“积极发展首发经济”相呼应，成为中国扩大内需、经济回暖向好的有力支撑。

中国人的“数字化生存”方式越来越丰富多彩，亿万网民个性化、差异化、品质化需求被看见、被满足。就连一度被“甩”在互联网高速列车外的“银发族”，也正跳出“社会时钟”，在越来越多的消费场景中与年轻人“同频共振”，从“老龄化+数字化”加速迈向“老龄化+AI化”的全新时代。

新的一年，是中国互联网“三十而立”再出发的第一年，中国互联网又将如何在这片创新沃土上结出新硕果，激发出经济社会向“新”力，我们不妨拭目以待。

政策春风与数字浪潮共振，中国消费开启“三新”时代

在政策春风与数字浪潮的交织中，中国消费市场正经历着前所未有的结构性变革。

2024年，“消费促进年”的战略部署余音未了，2025年的《政府工作报告》32次提及消费，以3000亿元超长期特别国债加力扩围“以旧换新”，并将“大力提振消费、提高投资效益，全方位扩大国内需求”列为年度首项重点工作。

这场自上而下的变革，不仅激活了市场活力，让消费电子、绿色家电、文旅融合等赛道加速重构，更折射出中国消费从规模扩张转向质量跃升，开启“新范式、新内容、新主力”的全新时代。

2024年巴黎奥运会期间，“边看比赛边扫货”成为新常态，天猫“小球”品类搜索量超200万人次，义乌商家连夜上架全红婵同款拖鞋；美团外卖推出“中国夺金免单”活动，14万份订单将赛事热度转化为即时销量。

这种场景化消费的爆发，印证着数字化已渗透消费全链条。从“即时满足”到“虚实共生”，新型消费的底层逻辑实际已被“数字化消费”“体验式消费”两大范式重构。

这种重构在文旅市场尤为显著。中国旅游研究院副研究员韩元军曾提出小城崛起公式：“唯一性资源+交通枢纽+主题IP”，但如今，这一公式正被年轻游客用行动改写。

电视剧《我的阿勒泰》带火了阿勒泰。虽然阿勒泰地处新疆最北端，从乌鲁木齐坐火车到阿勒泰都需要12个小时。然而地理屏障并未阻挡热情，

美团、大众点评数据显示，2024年5月以来，“阿勒泰旅游”搜索量同比暴涨5倍，北京、广州、上海、深圳、西安等地搜索热度最高。在北京工作的“95后”秦伟甚至请了3天年假，拼上端午假期共6天直飞新疆。一个在阿勒泰地区布尔津县禾木景区经营木屋民宿的本地人打开手机发现，从端午假期到7月底的房源多数已被预订。哪怕是2025年初寒冷的雪季，远离市区的禾木雪场也迎来如广州高峰期地铁般的人流。

是什么让年轻人甘愿跨越半个中国？治愈、质朴，一切重在感受与体验，是人们在欣赏《我的阿勒泰》时最常提起的话语，一个与钢筋水泥的都市生活截然相反的世界，让格子间的打工人“晒到了阳光”。

这种现象并非孤例。四川阿坝的经幡与江西景德镇的陶土，云南迪庆的雪山与腾冲的温泉……正在成为年轻人的新坐标。百度迁入指数显示，国庆1~5日三四线城市游客量同比增长11.4%。“奔县”成为2024年文旅的主题词，美团《2024年轻人县城旅居报告》显示，2024年暑期，与“县城旅游”相关的关键词搜索量同比增长558%、大众点评评论及笔记条数同比增加100%；县城70%的异地订单消费者是20~35岁的年轻人。

人们不再追逐地标打卡的确定性，一张图、一部短片，就能让他们背上包、迈开腿，去追求内心的向往，在山野民宿的篝火旁，重拾被写字楼玻璃幕墙过滤掉的月光。

当然，逃离都市的浪潮背后，离不开互联网平台提供的一套平衡逃离与回归的生活方案。比如随着美团搭建的“即时零售+本地生活”策略，从蜜雪冰城到库迪咖啡，从沪上阿姨到霸王茶姬，茶饮品牌在雪山脚下、县城角落都能为消费者提供同属于大城市品质升级的体验。

这种即时性与品质感的结合，恰如2025年春节档《哪吒之魔童闹海》的市场表现：影片票房连破纪录，衍生品市场同步狂欢，泡泡玛特手办盲盒日均搜索超2万个，周边卡牌一周销量突破70万张。类似场景还发生在《黑神话：悟空》上线时，山西景区旅游热度环比激增156%，隰县“小西天”门票订单暴涨300%，游戏爱好者带着截图实地“打卡”。

云南景迈山古茶林文化体验

山西应县木塔

线上线下、虚实交错的消费新范式之外，消费主题也在发生嬗变。

从消费电子到智能家居，国家补贴“以旧换新”带动绿色、智能化产品上升为新型消费的核心，推动产业向高质量转型，更推动中国家庭从功能消费向智慧生活转变。

2025年的《政府工作报告》提出，安排超长期特别国债3000亿元继续支持消费品以旧换新，在2024年1500亿元基础上翻了倍。而且，更多产品在2025年被首次纳入“国补”。如1月8日，国家发展改革委、财政部发布《关于2025年加力扩围实施大规模设备更新和消费品以旧换新政策的通知》，将手机、平板、智能手表及手环等消费电子产品首次纳入补贴范围。

在华强北一家3C家电连锁卖场，深圳市民李女士试用了几款手机后，最终决定换部华为Pura70Pro，自己手里那部用了快8年的手机抵扣了300余元，加上500元的政府补贴，省了近900元。

2025年2月11日，商务部公布了一则喜报：1月20日至2月8日，全国有超2000万人申请了2541.4万件手机等数码产品的购新补贴。

上海作为国内最有消费力的城市代表之一，也在“国补”基础上不断加码。报道显示2025年1月20日起，上海消费者购买“国补”12大类、数码3大类以及上海市7大类补贴产品，均可享受15%~30%的补贴，新一轮政策的补贴范围、补贴力度、支付便捷程度等都堪称历年之最。此外还增加咖啡机、扫地机器人等品类，并将居家适老化改造单独列入补贴范围、提高补贴标准。

26岁的徐女士在上海红星美凯龙真北路店厨卫区，想为爷爷奶奶定制一套适老化浴室改造产品。她认真研究过2024年和2025年“市补”政策，发现2025年居家适老类产品按照每件销售价格的30%给予补贴，是2024年15%补贴力度的两倍。

年轻人热衷智能化产品，AI消费成为新的潮流。2024年“双11”期间，澎湃新闻调查发现，消费者最关注能监测心率、睡眠质量乃至血氧水平等项目的智能手表；其次关注AI技术在电子产品上的落地应用，AI手机、AI电脑、AI平板等AI产品热度较高。

此外，“通过蓝牙、Wi-Fi等远程操控家里的电器”“买一堆不实用的东西不如给爸妈换台冰箱”的话题也得到大家共鸣，县域农村市场的科技感更是迎来爆发期。

京东在2025年1月公布的年货消费数据显示，超九成消费者远程给老家置办年货，其中七成人给老家买年货的预算在3000元以上，智能马桶、扫地机器人、大尺寸电视、一级能效洗衣机受到热捧，移动空调、冰冷套装、三明治机/早餐机的成交额同比增长超10倍；电煮锅、立式饮水机、衣物护理机、暖被机成交额增长超100%；智能开关、智能浴室柜、智能墙插成交额增长100%以上。

美团等平台企业将这股势能转化为微观生活的具象体验：华为Mate70通过美团外卖30分钟极速送达；美的空调、冰箱、厨房家电、生活电器等全品类家电不仅有即时服务，还能通过美团实现“一站式回收+换新体验”。政策红利不再是抽象的数字，而是触手可及的生活便利。

搅动中国新型消费的不仅是新范式、新内容带来的新气象，还有新主力的入场——国际友人正以史无前例的规模，加速涌入中国市场。

持续不断的入境游热与中国的免签政策有关。截至2025年6月初，中国已对47个国家单方面免签，与29个国家签订全面互免签证协定，对54个国家实施240小时过境免签。

做领队5年的白怀彬，是318川藏线上的“活地图”。2024年10月，这位外语并不灵光的川西汉子首次接到特殊任务——接待一队来自马来西亚的游客。深秋的川藏线，海拔4500米的山口已经飘起雪花。在纷扬的雪片中，白怀彬带他们体验了人生第一场雪仗，尽管语言不同，大家却依旧玩得尽兴。

数据印证着这股潮流：按可比口径测算，2024年国庆假期入境游订单量同比增长近八成，创下历史新高。其中，客源地为意大利、马来西亚、俄罗斯、美国等国家的入境游订单量同比成倍增长，有超过50%的外国旅客在中国停留超过7天。

这一态势延续至2025年春节，当首个“非遗”春节来袭，海外社交平台上的"China Travel"话题也升级为"Chinese New Year"。美团数据显示，深圳、上海、广州稳居2025春节期间入境游目的地前三名。"上海长满了来旅游的韩国人"成为微博热议话题，有韩国年轻人刚落地上海浦东机场，就兴奋得发朋友圈感慨"还以为回到了仁川！"此外，哈尔滨依托冰雪旅游跻身前八，重庆也因为深受东南亚游客喜爱位列前十。"非遗"年味目的地如石家庄、福州、西安的入境游订单同比分别增长50%、52%、97%。

这种便利还催生了新的职业机遇。"90后"丹牛辞去银行的工作成为全职入境游导游，在旺季日收入可达千元。其在参加国际导游证考试时发现，2024年报考人数居然是2023年的2倍多，其中很多大龄宝妈前来试水，许多语言类大学学生也开始认真思考考取导游证的可行性。

这场自2024年延伸至2025年的消费变革，既是政策与市场的共谋，也是个体对美好生活的主动探索。当"Z世代"在阿勒泰的篝火旁仰望星空，当县城青年用扫地机器人解放父母的双手，当"以旧换新"从国家战略转化为生活日常，法国哲学家让·鲍德里亚所言的"符号消费"正被赋予中国式注解，消费行为早已超越物品交换的本质，演化为对生活方式、文化认同与精神归属的集体叙事。

未来，消费的边界将进一步模糊——线上线下融合、物质与精神共生、本土与国际交织。而那些既能深耕线下烟火气，又能驾驭线上流量密码的破局者，必将引领新一轮商业革命。这场变革的终局，不仅是经济的增长，更是一个时代对生活价值的重新定义。

延伸阅读

在深圳，看见中国消费的未来形态

当AI产品坐上华强北档口最佳宝座，当Costco华南首店开业引发万人空巷，当即时零售订单如毛细血管般渗透进2000万名市民的生活——深圳，这座以“速度”著称的城市，正以一场新型消费革命重塑中国商业版图。

作为全球最大的电子元器件集散地之一，华强北的每一次脉动都精准丈量着中国电子产业的时代节拍。从20世纪90年代的BB机、大哥大，到21世纪初的功能手机，再到近20年崛起的智能音箱、VR设备，这里始终是观察中国电子消费迭代的最佳窗口。

2024年，人工智能技术的深度渗透开启了新的产业周期。报道显示，这一年，华强北的AI硬件成为新的风口，手机、PC、耳机纷纷叠加AI技术，市场对智能化产品的需求急剧攀升，AI翻译机、AI鼠标等智能终端设备全面取代传统蓝牙耳机，成为档口标配。

深圳市民的生活也在发生微妙变化。市民张贤在2024年“双11”期间，通过电商平台购入一款小米新款智能门锁。基于腾讯自研的掌纹识别技术，他只需挥手即可解锁家门。

产业重构消费图景的背后，暗合着深圳市政府AI发展的顶层设计。2025年深圳市工业和信息化局发布的《深圳市加快推进人工智能终端产业发展行动计划（2025—2026年）》指出，到2026年，全市AI终端产业规模将达8000亿元以上，力争1万亿元，集聚不少于10家现象级AI终端企业，AI终端产品产量突破1.5亿台。重点支持9大品类的智能终端，包括AI手机、AI PC、AI平板、大模型一体机、AI可穿戴设备（智能眼镜、智能手表等）、AI影像设备、全屋智能产品、工业级AI终端以及其他新型AI终端。

消费变革的另一面，是“首店经济”与“即时零售”形成的双轮驱动。

三年千家首店——深圳以几乎“一天一店”的速度改写了中国首店经济的游戏规则。从Costco到地中海俱乐部，从蓝瓶咖啡到无人机外卖配送服务，首店的集聚不仅带来消费流量，更成为城市商业创新的试验场。

“在品牌落地的时候，公司优先选择将深圳作为线下消费的试验场。”ToyzY品牌负责人武英杰在接受21世纪经济报道采访时提到，基于深圳国际化大都市、年轻人集聚等多重特征，深圳的年轻客群愿意为“新奇特”埋单，比如在福田星河COCO Park刚刚开出的ToyzY全国首店，不仅希望向消费者销售服装，更向消费者传达了有趣的穿衣风格。

美团闪购与嘉士伯的深度合作，同样演绎了即时零售的进阶之路。通过智慧分销、足球场景营销等合作，在夜间赛事联合营销期间，嘉士伯在美团闪购的交易额同比增长近150%，新客数量同比增长超100%。这种“场景化零售”新模式，让传统快消品在30分钟生活圈内焕发新生。

这样的场景，有望成为深圳的普遍现象。2024年底深圳发布的《深圳市推动即时零售高质量发展行动方案（2024—2026年）》，明确提出了提升即时零售业态规模、完善即时零售公共服务、加强即时零售人才培育三大目标，力争到2026年，上线经营零售商家超4万家，实现即时零售年销售额400亿元以上，将“数实融合”推向纵深。

正如珠江口永不停歇的潮汐，深圳的消费变革浪潮正以更智能、更高效、更人性化的姿态，涌向下一个时代的海岸线。这座永远在迭代的城市，在消费终端的每一次突破，都将为中国商业的未来写下新的注脚。

银发经济，首次上升到国家提振消费的高度

2024年被称为中国的“银发经济元年”。国家统计局数据显示，截至2024年末，我国60岁及以上人口首次突破3亿人，一个规模大且消费需求旺盛的群体正加速崛起。

银发经济，从未像今天这样有如此重的分量。2024年1月，国内出台首个支持银发经济发展的专门文件《国务院办公厅关于发展银发经济增进老年人福祉的意见》，标志着中国银发经济正式迈入政策驱动的快车道；2024年末中央经济工作会议提出，要“全方位扩大国内需求”，银发经济被列为提振消费的三大方向之一；2025年全国两会期间，银发经济再度成为高频词，相关提案覆盖养老服务、智能科技、医疗健康等六大领域，凸显其战略地位。

麦肯锡的研究报告《2024中国消费趋势调研》揭示了一个颠覆性趋势：老年人正成为“最敢消费”的群体。这场以老龄化为底色的经济变革，在数字技术的催化下，正重塑社会对“老去”的想象——老年人不再是被动的“被照顾者”，而是新消费场景的创造者、数字文明的共建者，甚至是消费新势力的引领者。

过去，人们普遍觉得老年人跟不上时代节奏，但现在，这种观念已经落伍。中国发展银发经济的底气，不仅是3亿老年人口形成的庞大市场，更深层的动力，源于老年群体与数字技术的双向奔赴。

“各位同学，我开始拍视频了，希望得到你们支持……”2024年4月，62岁的“碧根果教授”彭方仁在短视频平台走红。他是南京林业大学林草学

院的一名教授，也是国内首屈一指的碧根果专家。为了把碧根果卖出去、把碧根果产业推广出去，年过六旬的他专门花钱报名参加短视频制作培训班，从零基础的“小白”开始学习出镜、拍摄、剪辑等技能。如今，他的“云教室”不仅有年轻的学生，还有新时代的农民朋友。

他的走红并非孤例——年过古稀的“挂面大王”陈克明在抖音向大家科普发芽胚芽米的作用；90岁高能量老奶奶手脚麻利、精气神尚佳，在视频里“从鸡打鸣干到狗睡觉”。越来越多的老年人通过短视频记录生活、分享才艺，甚至成为专业领域的“知识网红”。

这种从“被动适应”到“主动创造”的转变，打破了“老年人=技术弱势群体”的刻板印象。根据2025年1月发布的第55次《中国互联网络发展状况统计报告》，40岁以上用户占比51.2%，50岁以上用户占比34.1%。农村老年人的情况尤其令人惊喜，截至2024年12月，农村互联网普及率已达65.6%；60岁及以上老年群体互联网普及率达52.5%。

在“数字鸿沟”化身为“数字桥梁”、老年人主动突围之际，国家和社会也在充分运用数字技术赋能银发经济、便利老年人生活。2024年1月22日，在《国务院办公厅关于发展银发经济增进老年人福祉的意见》政策例行吹风会上，工业和信息化部消费品工业司司长何亚琼介绍，为解决老年人数字化产品和服务的应用难题，专门印发实施了《促进数字技术适老化高质量发展工作方案》，组织开展专项行动，对2577个老年人常用的网站和手机App完成改造。组织制定移动终端、智能电视等产品的适老化标准，推动超过1.4亿台国产智能手机和智能电视适老化改造。

双向奔赴的背后，是老年人的消费需求正从“生存型”向“发展型”跃迁，他们既追求物质消费的品质，也追求精神消费的富足。

“为一场演唱会奔赴一座城”的不仅有“00后”，还有“60后”“70后”，老年人正成为演唱会经济的新增量。刀郎演唱会门票不仅预售时一秒抢空，原价880元的看台票甚至被黄牛炒至上万元，厦门内场票更被炒至近4万元。与此前演唱会经济以“90后”“00后”为主不同，刀郎演唱会以中老年居多。《扬子晚报》报道，刀郎演唱会南京站“60后、70后”占比高达一半。在刘德华、谭咏麟、张学友等年龄“60+”的老牌歌手演唱会期间，也有过类似的情景。

短剧市场也在上演相似的剧情。《闪婚老伴是豪门》上线后连续五日登顶全网播放量第一，累计播放量高达5.6亿次，抖音话题量突破25亿；同样定位中老年的短剧《招惹》，上线仅两周分账高达800万元，最终总分账超过2000万元。综观2024年，以中老年人为消费主体的短剧行业以504亿元的市场规模，超过了以青年人为消费主体的电影行业的425亿元票房。一些创作者看到“银发经济”带来的掘金机会，有微短剧公司直接把公司愿景改成了“中老年群体的造梦师”“中老年的娱乐迪士尼”。

旅游市场也在被老年人颠覆。据全国老龄工作委员会调查及携程发布的报告显示，银发旅游人数已占旅游总人数的20%以上，悄悄成为国内旅游市场第一大客源，而且老年游客消费的年平均增长率明显高于“80后”和“90后”。例如，一群平均年龄62岁的上海退休阿姨，组团去横店影视城“翻拍”《甄嬛传》，人均4000元纯自费，只是为了老姐妹过一把戏瘾。

面对变局，旅游市场正以超乎想象的姿态适应。2025年3月15日8时45分，天津站驶出的“京铁乐游”银发旅游专列，以12天串起江西、湖南、广东三省5个AAAAA级景区和6个AAAA级景区，诠释着文旅产业适老化转型的深度实践。这趟“铁旅融合”的专列，不仅拓展了京津冀文旅发展的空间，更在服务范式上重构了传统旅游形态——健康膳食专家设计的低盐高纤餐单、随车医疗组的急救体系、全程陪护队伍，将适老化服务从概念落地为标准化流程。

一些银发退休族，最想去的远方已经不再是北京和西藏，而是海外。携程数据显示，截至2024年底，50岁及以上退休族旅游订单同比增长34%，其中出境游订单同比增长超六成，50岁及以上人群出境游占比将近两成，已然成为旅游的中坚力量。

3月15日，京津冀携手粤港澳“京铁乐游”银发旅游列车首发仪式在天津站举行，图为游客合影留念

休闲娱乐之外，“活到老学到老”也是这代老年人的集体意识。57岁的景长英，在过去两年里，除了寒暑假，她都会挤进早高峰的北京地铁，前往国家老年大学参加9点开始的合唱课，今年（2025年）她明显感觉到，一起上课的老人变多了。《经济观察报》报道，在2025年春季学期开班时，景长英热爱的合唱课在5分钟内就被抢光了，京剧、藏族舞、杨式太极拳等26个班级课程在招生通道开启8小时后就已报满。我们看到的不仅是消费升级的表象，更是一个群体重新定义生命价值的深层觉醒。

火热的场景也让老年大学掀起“扩招潮”。2024年开始，养老机构、教育培训机构、社区等纷纷下场开办老年大学，中国老年大学协会的数据显示，过去5年，老年大学的数量年均增长速度达4.7%，增速远超本科院校。

在政策与市场的双重推动下，银发经济的服务半径也正以数字化方式不断拓展。2025年全国两会期间热议的“一刻钟养老服务圈”，正是将“15分钟生活圈”的物理空间与智慧养老的数字基因深度融合。

北京朝阳区的社区卫生服务中心接入了智能健康监测系统，管理周边万名老人的健康。成都武侯区14.6万余名60岁以上老人的相关信息汇聚成“关爱地图”，养老助餐等点单需求实时滚动。哈尔滨香坊区的探索更具基层特色，该区将1895个社区网格细化为4900个楼栋格，网格员通过“六级联动体系”精准对接老人需求。例如，脑出血患者王叔家中安装了护理床和防压床垫，健康数据实时上传至平台；93岁的张爷爷通过“护联体”预约医护人员上门更换胃管及尿管，解决了家庭照护的燃眉之急。这种“网格化+医疗”的模式，让服务半径“一刻钟”延伸至“家门口”。

“一刻钟养老圈”的本质是以空间换时间，以技术换人性。当数字化将服务精准送达床边，当社区成为资源集散地，中国养老正从“生存型”向“品质型”跃迁。

当深夜来临，此种“数字孪生”式的养老变革，在城市褶皱里显露出更深的民生刻度。在美团医药健康业务负责人王丹的手机里，记录着无数深夜求助信息：独居老人凌晨腹痛的定位、年轻母亲求购退热贴的语音、异地子女为父母预约诊疗的记录。当城市进入午夜，美团1.6万家24小时药店亮起的“小黄灯”，正为夜间用药困境点起希望之光。

美团App截图

美团“30分钟健康到家”也在重塑银发族的健康消费图景：美林退热贴通过美团医药即时零售首发三个月后，便跃升为平台TOP2品类；固生堂3万名中医师集体入驻美团平台，中药代煎开启“外卖送”时代，传统诊疗服务在数字化改造中重获新生。这些流动的荧光，织就了一张7×24小时的生命守护网。“智慧养老”不是把老人推向数字鸿沟，而是让科技主动适配银发需求。

在2024年健康产业（国际）生态大会上，美团核心本地商业CEO王莆中分享了行业转型的深层逻辑："大家心目中的美团可能是送外卖的，或者做O2O的。在医药行业，我们始终坚定希望做大家的数字化、智能化的小帮手。美团在上面的投入非常大，光医药我们有几百名研发，我们有自己的AI大模型，有3个亿在美团上买药的消费者。"这种数字化深耕，让美团成为"15分钟医疗卫生服务圈"的重要拼图——从电子处方流转到药品冷链配送，从智能用药提醒到健康数据管理，科技正在让医疗服务变得更聪明、更温暖。

当AI与机器人技术深度融入养老场景，银发经济也正从"人力密集型"转向"智慧集约型"。工业和信息化部消费品工业司司长何亚琼在吹风会上表示，将重点面对"互联网+医疗健康"、智慧养老院、智慧社区等场景，会同有关部门持续开展智慧健康养老应用试点示范遴选和动态管理。截至2024年1月，创建了199家示范企业，293个示范街道，80个示范基地，3个示范园区。工业和信息化部已经发布了三版《智慧健康养老产品和服务推广目录》，鼓励企业开发和推广适老产品和服务。

在医养连锁机构泰康之家的社区内，一台小泰智能音箱便能提供健康监测、紧急呼叫、文娱服务等多项看护服务，甚至还有离床报警床垫，它可以感知老人的位置变化。在上海市长宁区，全国首家AI食堂在此亮相，从净菜、配料、烹饪、出菜到结算、点餐的各个环节都由机器完成。该食堂所在的虹桥街道是一个深度老龄化的社区，2020年底老龄人口占总户籍人口的38.4%。当机器人能炒本帮菜后，当地老人接纳意愿很高，平均每天达到350份到400份的出餐量。虹桥街道居民谈凤桢在接受央视采访时表示："20元的前提下可以四菜一汤，老年卡的优惠，可以20元免费3元，回去的时候把晚餐都已经带好了，对居家养老起了很大推动作用。"

智慧养老正成为炙手可热的新赛道，不少公司在积极布局养老机器人领域，如沈阳新松机器人自动化股份有限公司、江苏艾雨文承养老机器人有限公司、深圳市优必选科技股份有限公司、深圳市赛为智能股份有限公司、苏州伊利诺护理机器人有限公司等。广东老龄产业研究院院长梁焯辉介绍，2025年中国智能护理机器人产业市场规模预计将突破300亿元，年均增长率超20%；到2035年，中国智能护理机器人产业市场规模有望突破万亿元。

银发经济的崛起，不仅是商业奇迹，更是社会文明的进阶。从社区助老市集到智慧养老平台，从老年大学的“抢课大战”到银发旅游专列的开行，我们见证了3亿银发族如何从“老有所养”升级为“老有所为”“老有所乐”。正如《礼记》所言：“使老有所终，壮有所用，幼有所长”，这既是古老的大同理想，也是数字时代的现实命题——当算法不再是排斥老人的屏障，当适老化改造成为城市标配，当银发族的创造力得到尊重，方能真正实现“桑榆未晚，为霞满天”的美好愿景。

未来，银发经济不仅是GDP的增长极，更应成为衡量社会文明程度的标尺。当青丝与银发共舞，技术与人情共鸣，方能书写一个“老有所为、老有所乐”的新时代叙事。

延伸阅读

美团“小黄灯”：照亮银发时代的深夜药箱

晚上10点半，山西大同国大药店店长陈兴华接到一通紧急来电。电话那头是远在异乡的年轻人，他76岁的母亲因腹痛腹泻无法出门，急需药物，自己已在美团买药上下了单，但需要有人前往配送并照看。

陈兴华立刻动身，带着药品赶到老人家中，诊断之后，她给老人贴上暖宝宝，烧水喂药，40分钟后，直到症状缓解才离开。

这一幕，是美团“小黄灯民生服务计划”下的寻常一夜。在老龄化加速的中国，这样的深夜故事正在许多家庭上演。

根据联合国最新预测，2024~2054年，60岁及以上老年人口数量和老龄化水平将从3.1亿人、占比22.0%，增至峰值约5.1亿人、占比42.2%。而在这些老人之中，根据中国健康与养老追踪调查（CHARLS）的测算，独居的60岁以上老人约1.6亿人，占全国老年人比例的一半以上，80岁以上高龄老年人更是占到独居比例的一半。

与高比例独居相对的是疾病风险。据国家卫生健康委员会的统计数据，我国75%的60岁及以上老年人至少患有1种慢性病，43%属于多病共存（患2种及以上疾病）；空巢老人更是慢性病高发群体，患2种及以上慢性病的高达61.5%。

然而，全国55万家药店中，此前24小时营业的仅占1%，且多集中于一二线城市。当独居老人深夜发病，县域居民紧急寻药难，需求与供给的鸿沟难以填补。

2021年6月，美团医药健康联合连锁药店、药企发起“小黄灯民生服务计划”，试图用商业创新回应政策号召。该计划以“24小时药店”为核心，通过数字化平台整合药店、骑手、医生资源，构建即时零售服务网络。

“夜间经营成本高、履约难度大，药店缺乏动力”，美团医药健康即时零售业务部总经理王丹坦言。为此，项目组推出“组合拳”：为药店提供流量扶持、夜间补贴和经营数据指导；联合药企优化夜间药品供应链；招募24小时骑手并设计弹性排班。

截至2024年9月，“小黄灯”已点亮全国1574个区县，覆盖1.6万家24小时药店，对比2023年1~9月，有155个县城首次拥有了全天候药房。在祖国北部的大兴安岭加格达奇区，在祖国西边的新疆，都能看到美团买药亮起的“小黄灯”。

美团买药亮起的“小黄灯”

2025年1月7日，在西藏日喀则抗震救灾过程中，正是当地24小时药店和美团健康一起紧急调拨应急药品，仅用了5个小时，就将首批应急物资送到震中，三名骑手——扎西巴旦、扎西顿珠、柏宇，在余震中完成“最后一公里”配送。“我们不希望你用到，但希望你一定知道，每一位药师、医生、骑手和每一盏亮着的‘小黄灯’，一起温暖守护着大家”，王丹在《生命的微光》演讲中说道。

“风起于青萍之末，光汇自微微之时。”当1574个区县的“小黄灯”在深夜亮起，它们不仅守护着亿万家庭的健康，更照亮了银发经济的新路径——用商业创新响应社会痛点，让普惠服务温暖最长情的群体。

“三十而立”再出发，那些被互联网改变的人和事

1999年9月3日下午1点，12名年龄、学历、网络使用能力各异的网民，分别走进北京、上海、广州的测试房间，参加“72小时网络生存测试”。房间内仅有一台可拨号上网的台式电脑、一卷卫生纸和一张光板床，没有食物、没有被褥、没有生活用品，他们每人有1500元现金和1500元电子货币，任务是活过3天。

当时这场测试被媒体称为“现代鲁滨逊生存测试”，因为那时中国的电子商务才刚起步，距离淘宝问世还有4年，全国的网民数量也不过四五百万。不管是订餐还是购物，经常要通过电子邮件确认信息，当时的网银连钱都不一定能花出去，确认一笔支付甚至需要两三天时间。

12名测试者遇到了各种窘境，18岁的北京学生“雨声”因为不会收发电子邮件，饿了26小时后宣布弃权；有测试者靠豆浆硬扛了3天；还有测试者买不到床上用品，只能扯下窗帘当被盖……9月6日下午2点，测试者走出房间时，没有人能花光3000元，他们在网上订购的很多商品还在路上。

那一年，中国接入国际互联网已5年，“网络生存”仍显得遥不可及，对绝大多数人来说像童话一般不现实。又有谁能想到，仅仅过了10年，一部手机就足以让很多人畅通无阻。对于今天的人而言，“无网络生存”才是艰巨的挑战。

2024年是中国接入国际互联网30周年，当64K国际专线的“哒哒”声被5G基站的高频信号取代，当BBS论坛的“灌水”演变为短视频的“弹幕

狂欢”，中国互联网的叙事主体早已从技术精英转向每一位普通用户。

中国互联网络信息中心发布的第55次《中国互联网络发展状况统计报告》显示，截至2024年12月，我国网民规模达11.08亿人从电子商务到无现金支付，从社交娱乐到智慧城市，互联网不仅重塑了14亿人的生活方式，更成为驱动经济转型、创新社会治理的核心引擎。站在30周年的节点回望被互联网改变的人和事，会发现这场变革的深度与广度，远超最初的想象。

将时针拨回20世纪90年代，中国互联网创业大潮初起，深圳青年马化腾、搜狐张朝阳、杭州老师马云、硅谷精英李彦宏、初代程序员王志东纷纷投身互联网中，他们高喊着“一切产业都值得用互联网思维重做一遍”，用热钱燃烧着激情岁月，恰似当今杭州“六小龙”在全球掀起的AI热。

互联网创业是从模仿全球优秀案例开始的，早期的搜狐对标雅虎，百度借鉴谷歌，QQ复刻ICQ。这批中国初生代互联网教父，把门户网站、搜索引擎、即时通讯、在线购物等互联网产品和服务带到中国。

1999年，腾讯推出OICQ（后更名QQ），一只戴着红色围巾的小企鹅成为全民“团宠”，仅仅用了9个月时间，OICQ的注册用户就突破了100万人，要知道当时全国仅有240万名网民。“第一次用QQ时，好友上线的‘嘀嘀’声让我心跳加速，仿佛推开了一扇新世界的大门。”45岁的北京市民王磊回忆道。后来，QQ从聊天工具，变成了一个“类熟人”的网络社交平台，有了QQ空间、QQ音乐、QQ农场，有人在那网恋，有人在那写诗，有人在那“偷菜”。

随着手机的普及，移动互联网的风头渐渐盖过了PC，QQ不再是最活跃的社交软件，微信、快手、抖音、小红书等相继崛起，从“偷菜”到“抢红包”，从“摇一摇”到短视频直播间“刷火箭”，互联网的每一次产品迭代，都在重新定义中国人的社交与娱乐。

这种改变不限于虚拟世界，也在重塑现实世界的商业逻辑。2003年5月10日，淘宝网正式上线，淘宝网开张之日正值“非典”时期，没有开店的卖家，更不要说有买家。第一笔交易是内部员工做成的，“阿珂”姑娘把家里的龙泉宝剑挂上网，出价300元，被“虚竹”看中拍下，成为淘宝网的第一笔交易。

这是改变中国人的一笔交易。它改变了中国人的逛街形式，本来是用脚逛的，现在变成用手逛，还可以随时随地逛。它改变了做生意的方式，只要有网络、有快递，在中国任意一个地方，都能把东西卖给全国任意地方的任何人。“让天下没有难做的生意”既是阿里巴巴的宣言，也见证了中国互联网消费走向繁荣。

2024年8月，当全国第1000亿件快递送达新疆昌吉回族自治州昌吉市二六工镇红星村的收件人手中，“江浙沪包邮区”已经升级为“疆浙沪包邮区”。

有人曾调侃说，中国可以分两部分，一部分是“包邮区”，一部分是“不包邮区”，前者指经济、交通、物流、人员高速流动的地方，而后者曾是西部偏远地区的代名词。新疆就是典型代表。对于电商而言，地广人稀的新疆是物流上最难啃的一块骨头，一些商家设置的“运费9999元起”就像一堵墙，让在新疆生活的人对网购只能望洋兴叹。

“路虽远，行则将至”。邮政快递业和电商平台齐齐发力，开拓出一条降低物流成本的新路径。自2022年，拼多多联合极兔快递，率先对新疆等偏远地区的包裹创新“集运”模式，将全国发新疆的快件集中到西安中转仓后，统一直发，通过规模效应，大幅降低物流成本。之后拼多多再次宣布中转费减免举措：免除不少商家二次发货到新疆的二段运费，为偏远地区物流中转费兜底，让新疆实现“包邮”成为可能。

电商西进、快递进村、满车出疆，在帕米尔高原的广袤乡村里，在独库公路穿越的天山深处，一个具有里程碑意义的新“包邮区”已经建成。

今天，电商已经渗透到中国的每个角落，超9亿人都掌握了这一“数字生存”的基本技能。2024年网上零售额15.5万亿元，我国连续12年成为全球最大网络零售市场。对零售而言，网络零售早已不再是“可选项”，而是“必选项”，它在社会消费品零售总额中占比已经达到26.8%。

电商领域的突飞猛进，一大关键是移动支付的全面普及。2003年，第三方支付工具支付宝问世，彻底打开了网络支付的新局面。2017年，支付宝、高铁、共享单车和网购，被网友称作中国“新四大发明”，成为外国友人“最想带回自己国家的生活方式”。今天，我国移动支付普及率已达86%，居全球第一，二维码成为比纸币更通用的“货币”。

移动支付急速提高的渗透率，不仅是电商飞速发展的助燃剂，还为中国传统本地生活领域的互联网化变革提供了充分条件。2011~2014年，美团、饿了么、滴滴等一大批生活服务类互联网公司扎堆出现，掀起了衣、食、住、行各个领域的互联网革命。

今天，“像点外卖一样点一切”的即时零售成为城市的标配，买菜、买药、买手机、买大家电等都能通过即时零售在1小时内送达。这种高确定性的生活方式，正被数亿国人拥抱。中国物流与采购联合会副会长崔忠付公开表示，2023年，我国即时配送订单量达到420亿单，配送用户规模超过7亿人次。他预测，2024年，全国即时配送订单规模将超过480亿单，订单量或已近全国快递单量的1/3。骑手穿行的轨迹，织就了一张覆盖2800余县市的“毛细血管网”，无数个“15分钟便民生活圈”在这张网上生长与交织。

“被互联网重新做一遍”的还有出租车行业。10年前的出租车司机尚还意气风发，尤其是一二线城市出租车牌照好比“金饭碗”，在这样的背景下，中国的网约车在诞生时就不被看好。司机对这一新鲜事物充满抗拒，甚至认为网约车就是骗流量的噱头。

直到滴滴和快的相继获得资本的“活水”，网约车补贴大战拉开帷幕，智能手机飞速普及，网约车出行为普通人打开了方便之门。据第55次《中国互联网络发展状况统计报告》，截至2024年12月，我国网约车用户规模达5.39亿，占网民整体的48.7%，平均每2个人就有1个“打滴滴”。

如今，出租车行业正迎来再一次被重做一遍的宿命。在武汉，2024年初自动驾驶出行累计超过68万单，是全国运营里程最多的城市。武汉司机喜欢管“萝卜快跑”叫“苕萝卜”，意思是有点憨，当武汉司机超速、别车、加塞时，萝卜快跑总像“乖孩子”一般遵守着交通规则。在广州，小马智行的“无人车”跑遍了南沙的大街小巷，一名塞尔维亚留学生在南沙街头打到一台无人驾驶出租车后直呼：“智能又安全，就像走进了科幻电影。”

毫无疑问，中国互联网的崛起，完成了从“模仿者”到“领先者”的逆袭，互联网企业创意的勃发与14亿人的大市场碰撞出惊人的能量：发明于日本的二维码，在中国催生了移动支付革命；短视频平台抖音（TikTok）以算法为核心，掀起全球内容消费浪潮；美团凭借“线上+线下”的深度融合，重新定义了“本地生活服务”的边界。

30年前，美国是当之无愧的世界互联网中心，今天的中国成为全世界移动互联网众多商业模式的发源地。如Facebook借鉴微信经验在社交矩阵App里内置支付功能，将中国二维码支付模式引入美国；亚马逊借鉴直播带货模式推出短视频卖货；谷歌模仿TikTok模式推出短视频服务Shorts。

一批中国互联网企业更是直接在海外参与了当地数字生活的构建，输出“中国模式”，如被业界称为“出海四小龙”的TikTok、SHEIN、Temu、速卖通（AliExpress）为全球市场带来了电商和社交新模式，美团为中国香港地区和沙特阿拉伯带来了本地服务数字化解决方案。

当2025年DeepSeek震惊国际科技界时，德国《时代》周报网站报道：“这已经不是中国高科技行业第一次用创新产品征服世界了，我们只要想一想TikTok在全球的成功，或中国电动汽车以令人目眩的速度进军各国市场，就能明白。在过去10年间到过中国的人都会注意到，在中国，数字化已经深入日常生活的每个领域。”

中国为什么能完成从“模仿者”到“领先者”的逆袭？表面上是一批互联网企业在“弄潮”，实际上背后有三股力量在支撑。

第一股力量，是“看不见”的底层架构，基础设施是“硬支撑”。从1997年四大主干网络互联互通到“村村通宽带”，从3G到4G再到5G的快速迭代，今天的中国已建成全球规模最大的光纤宽带和5G网络。全球领先的互联网基础设施为“人人共享”奠定了坚实的基础，视频通话、短视频、移动支付、社交媒体等新业态触手可及，无处不在的“超级网速”还为人工智能、无人驾驶、智能家居、虚拟现实等新科技深度融入生活打开大门。

互联网的普惠性在偏远地区展现得尤为深刻，让无论是在沙漠深处还是在珠峰高处的人们，都能推开数字生活的大门，城乡数字鸿沟在加速弥合。西藏牧民次仁扎西从未想过，在海拔4500米的牧场，他也能通过微信收款卖出牦牛肉，“以前卖货得等每月一次的集市，现在手机一扫，钱就到账”。云南怒江傈僳族自治州的乡村教师李芳，通过“5G+远程教育”平台，让山里的孩子同步聆听北京名师课程，“10年前，这里连手机信号都没有，现在网络成了‘第二课堂’”。

第二股力量，是国家政策对互联网产业的保驾护航，在本土市场营造出了尽可能宽松和宽容的产业环境。1994年中国互联网诞生之时，并不隶属于任何一个政府部门，而是在中国科学院牵头的科研项目NCFC里。早期的互联网由产业部门主导，使中国互联网得以“先发展、后管理”，这种模式非常有利于新产业的探索创新，为中国互联网崛起提供了肥沃土壤。

第三股力量，是14亿人口的大市场造就的得天独厚的优势。《大国锁钥：国产替代浪潮》一书中提到，高频的使用率会降低边际成本，使一个产品得以快速复制和迭代，庞大的人口带来庞大的资金量，海量的用户产生海量的数据，又为下一步云计算、大数据等新兴产业的发展，赢得了任何国家都很难获得的优势与基础。

2025年，是中国互联网30年再出发的一年，当生成式AI、量子计算、6G等新技术正蓄势待发，无人驾驶、人形机器人、大模型等前沿科技商业化落地，中国人的数字生活必将再次被重构。“数字生存”的问题也演变成了“AI时代如何高质量生活”的思考。这不是某一家或几家企业的主场游戏，而是14亿人的战争，你我都在参与和见证。

延伸阅读

上门除虫、上门代厨、上门遛狗……年轻人的数字化生活方式

一个年轻人，足不出户可以坚持多少天？

在1999年，72小时都是艰难的。但在今天，72小时可以说毫无压力，72天似乎也不是不可能。以家政、洗涤、维修、按摩等为代表的“上门经济”早已火出圈，让“家里躺”变成了一件轻松又快乐的事。

在吃方面，比起点外卖，热爱“锅气”的年轻人捧热了上门代厨。“以前代厨主要服务聚会、家宴等需要一大桌子菜的场合，而现在越来越多的年轻人日常也有代厨的要求”。在南宁的专职“上门代厨”小孟说。

上门代厨既有厨师提供菜单，也有顾客定制菜单，兼顾了年轻人“不想做饭”和“好好吃饭”两种生活需求。一位代厨介绍，接单做菜的收费标准是69元4道菜起步，89元6道菜，139元8道菜，比在外面餐厅吃饭的性价比高。第一次尝试后，“00后”Joy就被彻底征服了，不仅饭菜可口，连厨房都被收拾得干干净净。

虽然上门代厨还相对小众，但在美团、抖音、小红书等平台上，都能精准对接供需。以广州为例，通过线上平台接单的上门代厨厨师数量达数千人，每月订单量不断攀升。

除上门代厨外，在美团上，整理收纳、上门除虫、开荒保洁等细分服务也正在涌现，且相关搜索量激增，反映了年轻人追求效率与便利的新潮。

在享受型服务方面，上门按摩、上门美容已经悄悄进入都市人的生活。“上班族平时工作忙，下班后只想在家休息，偶尔请个专业人员

上门服务很减压。”“00后”上班族小婷说，她已经体验了3次上门美容服务，而收费分“手工服务费”与“产品+手工服务费”两种，“前一种是顾客自备磨砂膏、美容精油、面膜等产品，后者是美容师提供产品”。在熟悉的环境里体验上门美容服务，小婷觉得十分放松，而且清洁、补水、美白等所有流程一个不少，还避免了停车、排队等一系列问题。

“90后”刘丽（化名）就是一名上门美容师，她几乎每天拖着15公斤重的行李箱出门，里面塞满小型美容仪器、枕头、毛巾、一次性床单以及各种瓶瓶罐罐，到客户家里为她们提供面部清洁、抗衰、补水、身体按摩、腋下脱毛等服务。

刘丽发现，厦门的上门美容服务市场处于萌芽状态，大有可为。厦门是一个旅游城市，不仅本地客户有这个需求，一些来厦门游玩的外地游客也会通过社交平台找到她。“在厦门范围内，不论时间地点，客户只需提前3小时预约，我们接单后都能准时上门服务。”在2022年底时，刘丽是她工作的店里第一位上门美容师，在此后一年半的时间内，全店员工都陆续开始承接上门美容服务。

上门服务不仅服务于人，也能服务于宠物。《2025年中国宠物行业白皮书（消费报告）》显示，2024年宠物数量超1.2亿只，“90后”“00后”逐渐成为养宠主力军，“养宠热”也催生了“上门遛狗喂猫”服务。

春节假期，北京姑娘小楠骑着电动自行车奔波在北京三环路上，开始她的新兼职——上门喂养“留守宠物”。常规服务包括粮碗清洁、添粮换水、清理排泄物、观察状态、简单护理、打扫散落猫砂等项目。一般情况下，如需“宠物陪玩”要另外加钱，如“遛狗”就属于单独服务环节。春节期间，订单多时一天接到17个，一个春节“上门遛狗喂猫”兼职服务就给小楠带来了1.4万元的收入。

“上门经济”正以前所未有的速度重塑年轻人的生活图景。无论是上门按摩、家政服务还是上门喂宠，生活服务行业“大市场、小主体”格局显著，各业态处于高度离散状态，而平台企业通过数字技术提升供需匹配效率，使生活服务行业规模不断攀升，撬动着千亿级的市场。有数据显示，我国上门服务相关企业数量增长迅速，近5年相关企业年均注册增速超过14.5%，涉及领域广泛，包括外卖、家政服务、洗衣、美甲、按摩、养老服务、照顾宠物等。

蓬勃发展的“上门经济”，让当代人的数字化生存变成了更有品质的数字化生活。

年度热词

以旧换新： 一种消费者可用旧商品折价冲抵新商品部分价款的商业活动，其核心是通过旧物价值二次利用，降低消费者换新成本，同时助力商品更新迭代，从而实现去库存、去产能、拉消费的多重作用，常应用于家电、汽车等耐用消费品领域。

AI+消费： 指将人工智能技术应用于消费领域，创造出更加智能化、个性化的消费体验，如智能家居、智能出行、智能穿戴等。

入境游： 即外国游客进入本国境内进行旅游活动的行为。随着免签名单持续扩大，入境游持续火爆，2024年，6488.2万人次外国人入境中国，同比上升82.9%，其中，免签入境2011.5万人次，同比上升112.3%。

奔县游：《我的阿勒泰》、《黑神话：悟空》、“卤鹅哥”等带火了新疆阿勒泰、山西县城、重庆荣昌，让奔县游继续成为焦点，“不是大城市去不起，而是小县城更有性价比”的背后，是消费降级、需求转型、国家提振消费等合力助推的结果。

电商西进运动： 指电商企业通过推行中转集运包邮模式、免除中转仓至目的地物流费用等方式，将业务向新疆、甘肃等西部地区拓展，把西部偏远地区纳入“包邮区”范围，解决西部地区长期面临物流成本高、效率低等瓶颈。电商西进释放了西部消费潜能，畅通了工业品下乡、农产品进城的双向通道，促进了东西部地区的经济协作和资源共享。

数字生存： 又称数字化生存，最初是由美国学者尼葛洛庞帝在其1996年出版的《数字化生存》一书中提出的。它是指人类生存于一个虚拟的、数字化的生存活动空间，人们应用数字技术（信息技术）从事信息传播、交流、学习、工作等活动。

产业篇

向下扎根、向上突破，新质生产力稳步发展

欢迎来到赛博朋克的世界!

武汉的街头跑着无人自动驾驶出租车，它不会抢时间闯红灯，严格遵守交通秩序。

深圳的天空中飞着自动驾驶飞行汽车，地面3小时的车程被压缩至20分钟，怕堵车的人真的可以打“飞滴”上班啦。

比亚迪的工厂里机器人已经进厂造车，身高172厘米的人形机器人Walker S1敏捷地搬运箱子，1200亩的厂区里没有一个人……

这不是科幻片，这是这一年神州大地的一个个剪影。

很难想象，21世纪10年代初，中国道路上开的汽车大多来自西方，空中飞的飞机全部由美国波音公司或欧洲空客公司制造，中国虽被称为“世界工厂”，但许多工厂没有进口机床就无法运转，更别说电脑和手机的芯片、操作系统和软件是如何被西方“卡脖子”了。

在21世纪20年代的今天，“新质生产力”具有高科技、高效能、高质量的特征，它以“科技创新”“产业深度转型升级”“生产要素及其优化组合的跃升”为发展动力。数字技术作为重要的引线，是发展新质生产力重要支撑。

这一年，数智化浪潮翻涌，在产业篇，我们注意到中国产业在新质生产

力作用下的几大重要动向：

向上突破：未来产业风起云涌，低空经济、人形机器人、自动驾驶等成为年度科技现象，这一次中国不再是追赶者，而是与世界各国站在相同的起跑线上，甚至有望成为未来标准的制定者。

向下扎根：我们以县域为观察切口，看到新基建筑牢县域数字化转型新基石，而产业数字化催生县域数字产业新业态。这一次，小县城集体“上线”，数字化的东风正“吹皱”古老的餐饮、零售、农业等行业的一池春水。

向外突围：“数字化出海”持续拓展，为中国企业出海闯世界提供数字技术、服务支持，成为更多传统行业开启大航海时代的“船”。一些传统上“西强东弱”的领域甚至有了意外突破，如以短剧、游戏、短视频社交产品为代表的数字化出海已经在全球掀起了一股炽热的“中国风”。

数字中国，无时无刻不在嬗变。我们正经历新一轮科技革命浪潮，我们正在迎接一场生产力的跃迁，迈入一个崭新的时代。

新质生产力带来新生活方式，数字科技照亮朋克未来

2025年除夕夜，来自宇树科技的16台身着大红花袄的人形机器人H1登上央视春晚舞台，与舞蹈演员共同演绎了《秧BOT》。观众席爆发的惊叹声不仅献给这场“科技与非遗共舞”的视觉盛宴，更投射出公众对技术重塑生活的集体想象——机器人转起东北秧歌的红色手绢，无人机穿越港深上空投递奶茶，自动驾驶出租车在街头礼让行人……

这些曾经存在于科幻电影中的场景，如今正以超乎预期的速度嵌入中国人的日常。这场由新质生产力驱动的变革，正在低空、路面与工厂车间同步上演，以技术为笔，重新勾勒出一幅兼具高效与人文温度的“数字朋克”图景。

优必选工业人形机器人在浙江宁波前湾新区极氪5G智慧工厂进行多任务协同作业

宇树机器人H1的“一战成名”，绝非简单的程序编排成果。其搭载的“AI驱动全身运动控制技术”，通过数万次深度学习训练，让机器人摆脱了传统机械臂的僵硬感，进化出感知音乐节奏、自主调整动作幅度的类人思维。为还原东北秧歌标志性的转手绢动作，研发团队甚至在机械臂上增设3个精密关节，将灵活度推至毫米级，让人形机器人不再是“牵丝木偶”，而是能听懂音乐、跟上节奏、完美演出的“表演艺术家”。

技术进化带来的应用创新，也让人形机器人从聚光灯下的舞台，走进了轰鸣的车间流水线。在蔚来汽车合肥工厂，优必选Walker S人形机器人已经能够独立完成车门锁检测、安全带检查、车灯盖板装配等多项精细作业。2025年，优必选更是宣布其旗下的人形机器人已经进入极氪5G智慧工厂，开展了全球首例多台、多场景、多任务的人形机器人协同实训。东吴证券预测，到2030年，新能源汽车工厂的人形机器人渗透率将达40%，催生千亿级市场蓝海。

技术的渗透也远不止于生产端。2025年3月，北京国家地方共建具身智能机器人创新中心自主研发的“天工”人形机器人，在电力系统中完成了245母联柜的合闸、分闸等复杂操作。这是全球首例人形机器人参与电力巡检的案例，标志着其从“实验室样品”向“行业生产力”的跨越。而在消费端，宇树科技推出的家用机器人G1以9.9万元售价打开民用消费市场，2025年订单量预计突破5万台，其清洁、陪护功能正在改写家庭服务业的成本结构。

作为2025年最受关注的产业之一，人形机器人也成为今年两会的聚焦话题。2025年的《政府工作报告》首次写入“具身智能”和“人形机器人”，南京、重庆等10余个城市设立专项产业基金，规模最大达100亿元，将重点投资机器人本体、产业链零部件和产业链创新应用等领域。据中国人形机器人产业大会发布的《人形机器人产业研究报告》显示，预计2025年中国人形机器人市场规模约为53亿元，同比2024年实现翻倍增长。到2035年，则有望达到3000亿元规模。

除了政府基金的引入，资本市场的嗅觉同样敏锐。天眼查数据统计，美团3年已累计投资30家机器人相关企业，宇树科技就得到过美团的资金支持。穿透宇树科技的股权架构，会发现美团大众点评旗下的汉海信息技术公司以8%的持股比例位居第二大股东，仅次于王兴兴（宇树科技创始人）的27%。

同时，优地科技、白犀牛等研发室内外配送机器人的企业，也有美团的资金扶持，甚至智能驾驶企业毫末智行也得到了美团的战略入股。此外，通过投资高仙机器人、云迹科技等企业，美团将机器人应用延伸至了清洁服务、医疗护理等新领域。

广泛行业应用的背后，是一条由美团主导打造的“产学研”闭环。2022年7月，美团机器人研究院正式挂牌。3年时间里，与来自国内外近60所知名高校及科研机构的200多名学者，开展了约260个科研合作课题。

2024年，美团机器人研究院联合深圳市城市交通规划设计研究中心、哈尔滨工业大学（深圳）、中国科学院地理科学与资源研究所共同承接了深圳市科技重大专项《基于数字孪生的城市低空仿真建模与动态监测关键技术》。同时，与清华大学、上海交通大学、哈尔滨工业大学、香港科技大学等全球20余所高校及科研机构建立40余项科研合作，在无人机视觉导航、大语言模型与机器人交互、端到端辅助驾驶等多领域都有论文发表。

除了自建机器人研究院，美团也与清华大学合作建立了清华大学—美团数字生活联合研究院。截至2024年，美团累计在高校开设4门课程，教授在校学生超过2000人。2024年，美团与清华大学在自动驾驶复杂场景规控算法等方面开展联合攻关，合作成果已应用于美团自动驾驶系统中。同年12月，美团、清华大学、华中科技大学等单位联合申报的“复杂多域环境下异构自主无人系统智能感知与导航控制技术”项目，还荣获了中国自动化学会技术发明一等奖。

从合作科研到深入高校，最后跑通行业应用，这条横跨产业链的“产学研”闭环，通过整合高校科研资源、产业实践场景与人才培养体系，打通了基础研究、技术转化与商业落地的全链条。其核心意义在于重塑了物流配送领域的创新范式——以产业需求牵引科研方向，以教育体系输送专业人才，以开放生态加速技术普惠，不仅为行业建立了标准化技术路径与协同机制，更推动了中国在无人配送与智慧城市领域形成系统性竞争力。

人形机器人走上流水线的同时，在城市公路上，自动驾驶出租车已成为越来越多城市市民通勤的新选择。智能汽车通过一次次舒适的乘坐体验，强化了普通人对于新能源汽车的接受度；它模范遵守交通规则，遇行人穿行时会自动减速，未系安全带则拒绝启动，这些让城市更加文明。同时，智能汽车实际出险率仅为人类驾驶员的1/14。

萝卜快跑自动驾驶汽车

这是一场由AI掀起的交通革命。截至2025年，萝卜快跑等L4级自动驾驶汽车已经在北京、上海等超10个城市试点应用。2025年2月生效的《广州市智能网联汽车创新发展条例》，提出支持智能网联汽车在城市道路、高速公路、机场、港口、车站等干线和交通枢纽开展创新应用。2025年4月施行的《北京市自动驾驶汽车条例》，也明确鼓励支持自动驾驶汽车技术创新和产业发展的政策措施，对自动驾驶创新应用活动进行了全环节规范，实行包容审慎监管。

这一新兴技术应用背后，藏着一个万亿级的未来产业。方舟投资公司发布的2025年度展望报告（ARK Invest Big Ideas 2025）预测，到2030年，无人驾驶汽车市场规模有望达到10万亿美元。届时，全球无人驾驶汽车的数量将达到约5000万辆，而规模化后的自动驾驶出租车每英里成本将从1.1美元/英里降低至0.25美元/英里，极大地提高了普及性。

物流领域的“自动化”变革更为激进。2024年2月5日，深圳市龙华区街头，一辆提供“线上点单30分钟送达”服务的自动配送车成为市民关注的焦点。这台配送车在无人驾驶的情况下顺畅行驶，到达送餐点后精准泊车入位，等候在一旁的工作人员在车辆显示屏上输入验证码，车门即开启，工作人员便拿到了刚订购的新春玩偶。

美团自动配送车

10年前，一群穿着“黄色制服”的美团外卖员穿梭于大街小巷，中国外卖行业由此诞生。10年后，在“美团自动配送车龙华区测试启动仪式”上，一台黑黄相间的自动配送车平稳行驶，揭开了深圳市“无人”外卖配送的序幕。

据美团官方数据，截至2024年底，在全国范围内美团自动配送车累计服务近500万订单，常态化服务覆盖100多个社区，已形成“技术研发+场景落地”的闭环生态，持续推动本地生活服务智能化升级。随着技术和运营能力的逐渐成熟，未来人们也将越来越频繁地在街头偶遇自动配送车，享受“无人化”带来的便利生活。

自动驾驶汽车产业的发展，也将为低空经济的规模化铺开探路。中国民航大学副校长吴仁彪表示：“（发展自动驾驶汽车）也可以为低空经济安全有序发展提供借鉴，因为自动驾驶汽车和AAM（Advanced Air Mobility，先进空中出行）关键技术都是新能源、5G和人工智能。”

2025年的《政府工作报告》明确指出，要培育壮大新兴产业、未来产业，深入推进战略性新兴产业融合集群发展，开展新技术新产品新场景大规模应用示范行动，推动商业航天、低空经济等新兴产业安全健康发展。

对比2024年的《政府工作报告》的表述，对低空经济的战略规划从“积极培育”转变为“培育壮大”，体现了低空经济已经从初步发展向商业化落地挺进。

2024年，“港人北上”成为新消费热点。深圳出入境边防检查总站公开数据显示，在2024年香港的重阳节公众假期当日，深圳福田口岸查验出入境旅客达23.8万人次，创口岸复关后单日出入境客流量新高。

来往人流如织，点外卖却成为一件难事。据美团无人机相关负责人表示：“福田口岸每天会产生成百上千个外卖订单，主要来自往返港深之间的香港市民需求。但这里每天也有数十万计的人流穿梭，大家很难与外卖员交接。相比其他区域，口岸外卖订单的配送时长平均要多近20分钟。”

但自2024年12月23日美团无人机福田口岸航线正式开航后，这一“外卖焦虑”就被无人机破解了。这条跨境航线，通过对接微信港币钱包，实现“香港下单、深圳取货”的无缝体验。香港市民用美团App选择口岸附近的智能空投柜，10分钟内即可收到无人机“空投”的港式奶茶，支付时系统自动完成港币结算，免去手动换汇的麻烦。

美团无人机

一条无人机航线串联起了深港跨境消费场景，不仅实现了“下单—运输—支付—取货”全链路智能化闭环，更通过低空物流网络构建起大湾区“15分钟便民生活圈”的创新范式。这项跨境智慧零售实践，既降低了深港居民消费的时间与空间成本，也为粤港澳大湾区融合发展提供了数字化基础设施样板，未来有望拓展药品急送、文件跨境寄递等民生服务新场景，让科技创新真正服务于两岸民生需求的同频共振。

据美团官方统计，截至2025年4月，美团无人机配送网络新增55条航线，累计完成订单52万单，覆盖深圳、上海、北京等20个城市。日均配送量峰值显著提升，尤其在高峰时段有效缓解了城市交通压力。

同时，美团无人机的配送模式还在不断演进。无人机与骑手协同的“接驳配送”模式，既可以应对无人机配送遇到的交通密集、天气变化等因素的调整，也可以提高外卖员配送的人力效率，从每日30单配送量增长到300单。智能协同的配送模式下，不仅整体配送链效率提高，库存管理建议和订单优化也能为消费者带来更高效的服务体验，最终实现降本增效。

这场“空中革命”甚至重新定义了城市交通的时空逻辑。粤港澳大湾区规划的“空中快线”，使深圳蛇口至珠海九州港的40千米航程仅需20分钟，票价约240元。粤港澳大湾区数字经济研究院（IDEA研究院）的低空经济白皮书显示，到2025年，低空经济对中国国民经济的综合贡献值将达3万亿~5万亿元。

万亿蓝海市场吸引了众多企业深度参与。民航局数据显示，截至2024年底，全国获得无人机运营合格证的单位达19979家，较上年新增约40%。全行业无人机注册用户突破161.9万名，同比增长近1倍。全国共颁发无人机操控员执照27.33万本，其中有效执照24.73万本，执照持有者占注册用户的15.3%。

《国家综合立体交通网络规划纲要》中明确，到2035年，国家支撑经济发展的商用和工业级无人机预期达到2600万架，无人机驾驶员将增长到63万名。可以预见，庞大市场空间必定孕育着新的经济机会，新产业链的崛起也将重构并推动人们的衣食住行向更加数字化和智能化方向进化。

2025年的《政府工作报告》明确提出“发展智能网联新能源汽车、人形机器人、商业航天、低空经济等未来产业”，为新一轮产业迭代指明了方向。这些新兴技术既是发展未来产业的关键，也是培育新质生产力的战略抓手。

盖凯程和韩文龙在《新质生产力》一书中指出，未来产业与战略性新兴产业相比，处于产业生命周期的早期阶段，产业发展的不确定性大，培育周期长。但在未来产业赛道上，世界各国都是一样的，都处于相同的起跑线上，都面临相同的不确定性，因此未来产业是后发国家“换道超车”的战略机遇。

因此，抢占未来产业制高点，既需要政策护航构筑创新基础设施，更离不开市场主体以场景化破解技术商业化难题。政府部门通过顶层设计优化制度供给、培育应用场景，为企业提供“试错空间”；美团、优必选以及蔚来、极氪等车企，这些兼具场景资源与技术嗅觉的企业，则通过商业模式创新将实验室技术转化为民生服务增量，打通“技术—产业—市场”的价值循环。

这场由政府、企业与资本共筑的“黄金三角”，正在将中国的市场规模优势转化为定义未来产业的话语权。当宇树科技的机器狗被欧洲人疯抢，当美团无人机飞跃中东迪拜，中国式创新的深层逻辑逐渐清晰——用技术解构传统，为新一轮生产力大爆发贡献中国方案。

延伸阅读

千年城墙遇见“未来物流”，八达岭长城上点无人机送外卖

夏日的八达岭长城，烈日炙烤着斑驳的城砖，一辆黄色无人机划过天空，平稳地抵达了南九楼降落点。旁边的地勤人员取出送来的冰饮，交给了游客梁先生。

他感慨道：“水都喝完了，也没有卖水的，正好就看到一个美团的无人机二维码什么的，然后我们就说试试，结果点了之后过了一会儿看着无人机就真飞过来了，很方便，我感觉比我在底下点外卖都要快。”

这一幕，正是美团无人机在八达岭长城开通常态化配送服务后的日常。这是北京首条景区无人机航线，其不仅让游客的“即时需求”得到满足，更成为低空经济与文旅产业融合的创新样本。

美团无人机在八达岭长城进行配送服务

南九城楼所在的八达岭长城延长线，是2023年底新开放的区域。与修缮完整的主景区不同，这里保留了长城的残损风貌，主打户外探险与研学体验。但原始风貌的代价是商业设施缺失。游客若想购买补给，需步行半小时折返至主景区。

一旦遇上夏季高温，防暑降温物资的即时配送需求和难度激增。但美团无人机的介入，让难题迎刃而解。

在每天的营运时间，只要有游客下单，美团无人机都会从起飞点装载货物，沿预设航线飞往南九城楼降落点。防晒伞、降温贴、应急药品等物资被装入货箱，最快5分钟就能收到货。游客通过手机下单后，平均等待时间不超过10分钟。

美团无人机公共事务负责人闫琰介绍，无人机的载重现在设置为2.3公斤，这个设计是基于美团的大数据分析，发现它基本可以满足90%以上用户的点单需求，而且配送费与普通外卖基本持平。

除了“空投”外卖，美团无人机还是八达岭景区内的“环卫工”。每天的营运时间结束后，无人机都会协助景区运维人员将附近废弃物运送回指定位置，减轻高温天气下清洁人员的工作负担。

中关村延庆园管委会张副主任评价：“这条航线大大提高了长城景区游客的体验感。前期无人机应用场景主要是集中于政府采购、森林防灭火、应急救援这种场景，美团这次发布的这个航线，确确实实是把无人机这种科技新质生产力第一次带到了普通老百姓生活中，意义还是非常重大的。”

实际上，美团无人机不仅能飞越长城，而且在全国多地都有广泛布局。截至2024年12月底，美团无人机在上海、深圳、广州等城市开通53条航线，完成了超45万用户订单，服务覆盖了办公楼、社区、景区、市政公园、高校等各种生活场景，为用户提供了超9万种商品选择。

未来，美团的无人机“军团”还将渗入更多元的社会场景，开启“低空经济+”的无限可能。作为新质生产力的典型载体，无人机网络构建起的空中基础设施新维度，让科技翅膀不仅托起现代生活便利，更助力千年文明焕发新生机。

服务业数字化东风劲吹，小县城集体“上线”

2025年的《政府工作报告》中，“扩大内需”被置于十大任务之首，“消费”一词出现频率较上年激增11次，成为政策焦点。国家统计局数据显示，2024年服务零售额增长6.2%，快于商品零售增速，居民人均服务性消费占居民消费支出比重已经达到了46.1%。这一信号背后，是中国经济从“商品消费”向“服务消费”跃迁的深层变革。

向服务要增长，是经济发展规律的必然结果，尤其是在人均GDP突破1万美元后。美国、欧洲服务消费占比长期超过60%，日本、韩国、新加坡更是依靠服务业而后来居上。中国已迈过了人均GDP 1万美元，也来到了向服务消费要增长的新阶段。2024年，《国务院关于促进服务消费高质量发展的意见》印发，提出要优化和扩大服务供给，释放服务消费潜力，更好地满足人民群众个性化、多样化、品质化服务消费需求。

在县域市场，从“商品消费”向“服务消费”的转型也正在上演，其对于扩大内需、新型城镇化的意义重大。近年来，县域消费增速持续高于城镇，已然成为拉动国内消费增长的“新蓝海”。国家统计局数据显示，2024年，社会消费品零售总额487895亿元，其中，城镇消费品零售额421166亿元，比上年增长3.4%；乡村消费品零售额66729亿元，增长4.3%。麦肯锡预测，到2030年，中国超过66%的个人消费增长将来自下沉市场。

随着新型城镇化与乡村振兴战略的协同推进，农村人口不断向县城迁移，“以县城为中心、以城带乡”的县域消费格局加快构建。国金证券研报指出，县域消费近年表现更具“活力”，呈现多元化、服务化、品牌化升级趋势。

然而，县域服务业却面临着“三低困境”：低效供给、低质体验、低端业态。比如当前县域服务业呈现“毛细血管堵塞”特征，中小商家占比超90%，但数字化工具使用率不足15%，夫妻小店扎堆，但一到晚上九点就关门，县城年轻人有钱花不出去。需求旺盛但供给低效的县域服务业生态该如何破局？

有专家指出，聚焦供给端、需求端重点发力，打造更多数字消费新场景，完善数字消费基础设施，进一步优化服务消费环境，以数字化驱动服务消费提质升级。县域迫切需要一场供给侧的服务业数字化革命。

这场革命早已拉开序幕。2024年，“奔县游”持续火热，一些“宝藏”县城不断“出圈”。美团发布的《2024年轻人县城旅居报告》显示，暑期，大理、平潭、荣成、敦煌、延吉等成为年轻人最爱去的小城。“泼天富贵”对于小县城来说是一场考验，它考验县城的基础设施、公共服务、旅游承载力等。目前来看，中国的小县城承接住了“泼天富贵”。根据《中国县域旅游竞争力报告2024》，中国旅游百强县旅游总收入、旅游接待人次实现双增长，较上年增幅均超三成；旅游总收入与县域地区生产总值之比平均为68.4%，较上年提高7.0个百分点。

大城市的游客奔赴小县城旅游，追求的绝对不是“好山好水好寂寞”，而是“好山好水好便利”。小县城承接住了“泼天富贵”，公共服务基建和数字基建提供了双重保障，让县域的便利短板加速补上。

一是得益于政策端的助推。2024年的《政府工作报告》提出，要培育发展县域经济，补齐基础设施和公共服务短板，使县城成为新型城镇化的重要载体。商务部则表示，将实施“县域商业三年行动计划”，力争到2025年，在具备条件的地区基本建立较为完善的县乡村商业网络体系。

二是县城借助数字化对服务业的赋能，大大提升了文旅消费的承载能力。对于广大小县城而言，第三产业是最容易被数字化渗透和改造的。今天，如果在小县城开一家烧烤店，大概率很快就会被美团、饿了么和抖音等本地生活巨头同时找上门，开通外卖、上补贴、上团购、上达人推广等数字

“工具箱”任君选择。

三是数字化降低了服务业的创业和就业门槛，让一群返乡创业青年得以把大城市已有的消费新业态引入县城，开起了咖啡茶、奶茶店、民宿、剧本杀店，承载了县城消费者多元化、个性化的消费需求。县城的消费供给加速向大城市看齐。

在品牌化供给方面，餐饮行业最为典型。过去10年餐饮数字化渗透率有了质的飞跃，在县城也不例外。中国互联网络信息中心数据显示，我国网上外卖用户规模已达5.45亿人，在大城市出现一定程度饱和趋势时，县域生活外卖订单量年均复合增长率超40%，外卖已覆盖全国2000多个县城。

在西藏日喀则市亚东县，这座常住人口仅1万余人的边境小城，2024年7月接入美团外卖后，茶百道奶茶店单月外卖销量突破500单，贡献了15%的营业额。线上平台不仅带来订单，更让县城年轻人感受到与大城市同步的消费体验。有用户在下单后留下评价，“没想到亚东都开茶百道了”。

茶百道、周黑鸭等大型连锁品牌下沉，平台企业在其中发挥了重要作用。如美团推出的主攻线上外卖的“卫星店”模式，为商家提供佣金返还、流量扶持、运营指导及履约等多项服务，推动连锁品牌在下沉市场的快速扩张。美团外卖调研数据显示，与堂食外卖店相比，品牌卫星店门店租金和装修成本降低了60%，曝光增加30%以上、下单转化率提升5个百分点，单店订单是同期新店订单量的1.74倍，平均利润率达到14.8%。

美团已与海底捞、太二酸菜鱼、老乡鸡、周黑鸭、外婆家等超500家餐饮品牌合作探索卫星店，打造了“大店打品牌、小店提利润”的双驱动模式。

平台不仅加速了餐饮品牌的下沉，也为小县城粗放的餐饮生态迈向标准化、透明化提供了动力。如美团App推出的“明厨亮灶”功能，通过直播的形式让用户实时观看餐厅厨房的操作情况。这一创新打破传统后厨的“黑箱”状态，倒逼商家规范操作流程、提升卫生标准，也增强了对于食品安全担忧的用户对平台和商家的信任，让敢于“亮灶”的餐饮店被更多消费者选择。

据了解，美团对开展“明厨亮灶”的餐饮商家，给予了设备安装补贴和流量补贴，提高他们参与的积极性。而开通“明厨亮灶”的商家，在获得平台流量支持和消费者信任后，订单量有了显著的提升，如郝兴记生煎在开通直播后，门店订单量周环比增长了8.6%。

在供给效率方面，小县城的数字化生活已经从电商购物、点外卖，升级到了“像点外卖一样点一切”“线上下单，最快30分钟送达”。这背后既是即时零售和闪电仓为下沉市场带来的全新消费体验，也是一场产业链数字化升级之战。

在河北省正定县，一座200平方米的美团闪电仓正颠覆传统零售逻辑。这里没有临街旺铺的黄金地段，取而代之的是工业园区仓库改造的“云货架”；这里不像夫妻店只能承载1000~1500个SKU，而是足足6000个SKU，覆盖从母婴用品到五金工具的全品类；这里不是店员在柜台蹲守，而是由3名员工通过智能调度系统24小时管理订单，30分钟送达半径覆盖全县80%区域。店主王磊算过一笔账：租金成本仅为传统便利店的1/3，坪效却达到5倍，夜间订单贡献了26%的营收。

闪电仓是即时零售供给进化出的一种新供给业态，本质是一类前置仓。通过数据分析，把消费者想购买商品放到距离更近的仓库中，节省配送时间，实现“线上下单，最快30分钟送达”。2021年美团正式发布闪电仓时，全国七拼八凑的闪电仓仅有300个，但到2024年底，美团闪电仓已超过3万个，其中下沉市场闪电仓已达到2200+家，覆盖1000+城市。据美团闪购测算，2027年，美团闪电仓将超过10万家，预计市场规模将达到2000亿元，覆盖全品类、全地域。

闪电仓正在席卷而来，改变了以夫妻店为主的县城零售生态。一边是知名品牌将闪电仓作为开拓下沉市场的利器，如名创优品称2024年内上线800家闪电仓形态的“24小时超级店”。另一边是大量开夫妻老婆店的创业人群纷纷进驻，他们经验丰富、了解本地，开闪电仓有天然的优势。

随着闪电仓在县城遍地开花，县城商业生态发生了很大变化，最明显的是不少县城零售不再是“9点谢客”，出现24小时营业的店铺；曾经夫妻老婆店不敢卖的化妆品、帐篷、泳衣、手机防水套等产品，在县域多了起来，线上客源解决了“卖不出去”的问题；以前县城是山寨货扎堆，现在美的的家电、名创优品的潮玩、屈臣氏的洗护产品，都能通过闪电仓走进小县城人家。

一些老零售人担心，闪电仓会挤占实体店生意，而名创优品“24小时超级店”已经给出了答案。它差异化开发了一次性浴巾、内裤、床单、马桶垫等大单品，重点放在出行、清洁百货、美妆个护、数码配件、礼赠等场景，24小时超级店和常规线下门店的商品差异率据称将达到70%。可见，闪电仓带来的是新增量，而不是存量里夺食，它更多满足了原有零售生态未能满足的需求。

有人说，下沉市场是服务业数字化的“最后一公里”，县域有着与大城市截然不同的零售生态和消费习惯，但闪电仓的扩张，正隐秘地带动背后的选品、供应链、营销完成新一轮数字化升级。

以美团牵牛花系统打通并接入阿里巴巴的1688批发平台为例，接入后，开闪电仓不需要自建供应链，也不需要搭建中转仓，更不需要雇用线上运营员工，因为1688从工厂开始，就把商品条形码、图片的拍照上传、文案撰写等业务流程都整合打包解决了。闪电仓的加盟商或运营商从1688上进货，包裹快递配送到店，消费订单从美团平台上来，末端配送则用美团的既有骑手配送网络，整个流程通过数字化、自动化就闭环了。零基础、低门槛，为它快速在县域铺开打下了基础。

闪电仓本质上是一场效率革命，也是互联网对服务零售改造的缩影。在县域，这场服务业的供给侧数字革命还有更多的突围路径，如数字技术的应用，在构建服务产品供给者和消费者的信任以优化资源配置方面就体现出了关键作用。以足浴按摩为例，这种休闲娱乐方式近几年在年轻人圈子里走俏，但在县域，街边小门店不敢进，高端会所进不起，标准化程度相对高的连锁店是适合更多人的选择。

郑远元是一家起步于陕西省紫阳县的修脚小店，2019年，它已在全国开出了3000多家门店，而在之后5年里门店规模迅速扩张到了8000多家，如今正向着“万店连锁”的目标进发。数字化，是郑远元冲刺万店的势能所在。“修脚”服务是劳动密集型行业，在供给端，生活服务业要实现标准化的难度也相对比较高，因此这个行业被认为是难以大规模连锁化的。而郑远元首先实现了内部的数字化，建立内部管理与服务标准化，如针对公司的实际情况定制门店经营系统，从员工、财务、库存、产品以及整个会员系统都实现了全套的数字化流程管理，奠定了郑远元服务产品的规模供给能力基础。

为了接住年轻人突如其来的对足疗按摩店的热情，郑远元也在“花式整活”，如在大众点评上推出颈椎专项、腰椎专项等团购套餐，在美团、抖音等平台开直播引流，与蜜雪冰城、华莱士联动。2023年12月，郑远元通过美团平台与蜜雪冰城联名营销，2024年3月再次携手美团推出了“足够舒服，‘堡’您喜欢”活动，顾客通过美团、大众点评购买任意郑远元泡脚团单并成功核销，即可以免费领取华莱士汉堡三件套1份。据悉，活动吸引了超过24万名消费者进店核销，核销率提升至88%；其中，走进郑远元门店的线上新客超过16万名。

平台企业不仅助力连锁品牌扩展了服务半径，也重构了服务业的价值链，加快了行业标准化进程。针对沐足、教培、健身房、美容美发等“大额预付”类消费，平台通过交易规则创新建立信任机制，如美团推出了次卡模式，让“大额预付”变为“按次核销”；“贵必赔”“随时退”等保障体系，也倒逼商家提升服务透明度。有了平台的担保，信任被建立起来，“大额预付”类消费在线上爆发，数据显示，2024年1~11月，美团售出1.5亿份足疗团购、1亿份美甲团购、9700万份游戏币、780万份宠物疫苗和560万份艾灸。

随着供给侧改革的深入，平台和服务业之间形成了紧密的共生关系，以美团等为代表的生活服务类平台，成为线下业态通用的“数字基建”，让服务零售也跟商品零售一样，经历从非标到标准化，从零散到规模化，从小作坊到专业化的进化过程。而数以亿计的消费者和900多万家线下商户，利用数字化工具做大了蛋糕，打开了新增长空间。

当在东北小镇能买到最新潮的盲盒手办，当远方而来的游客可以通过手机找到一家靠谱的沐足店，当新锐茶饮品牌把门店开到偏远的日喀则亚东县，这些微观图景汇聚的，正是中国经济最坚韧的内生动力。这场服务业数字化革命，改变了无数商家的命运，改变了几亿人的生活方式，也激荡着下沉市场蓬勃的消费动能。

延伸阅读

从“错配”到“重构”：美团托起小城消费升级

消费促进之年，当上海外滩的霓虹灯与北京三里屯的人潮交相辉映时，中国消费市场最深刻的变革，正在远离聚光灯的县域市场悄然发生。

2025年春节期间，美团数据显示，县域餐饮堂食、休闲娱乐消费同比分别增长24.0%、39.5%，增速远超全国平均水平。这场由数字化平台推动的消费升级浪潮，正在重塑中国县域的经济生态与生活方式。

曾几何时，下沉市场的餐饮供给长期陷于低质低价竞争，如今这一困局正在被打破。美团副总裁、到店餐饮事业部总经理魏巍提到，过去，一线及新一线城市尤其北京、上海、广州、深圳是精致餐饮开店首选，所以精致餐饮在二线及以下城市往往出现供需错配的情况，即使消费者有需求，本地供给也未必跟得上。但最近看到越来越多优质的餐饮团队开拓至下沉市场，并利用互联网科技实现了供需匹配效率的提升，过去这种错配情况正在得到改善。美团数据显示，2024年，二三线城市的精致餐饮门店数量同比增长近30%。

穆罕奈德在浙江义乌经营一家阿拉伯风味餐厅，店铺名为贝迪餐厅，主打中东菜系，是义乌乃至金华市的热门西餐厅，其店铺上线的“美团优惠套餐2~3人组合”半年销量已超过5000单。

县域消费的升级不仅体现在规模，更反映在结构变迁。如小城出境消费正在崛起。携程平台显示，四五线城市居民正成为出境游新的增长点，2024年国庆假期出境游订单同比分别增长1倍、3倍，600余个三线及以下城市和县城居民首次购买了机票。

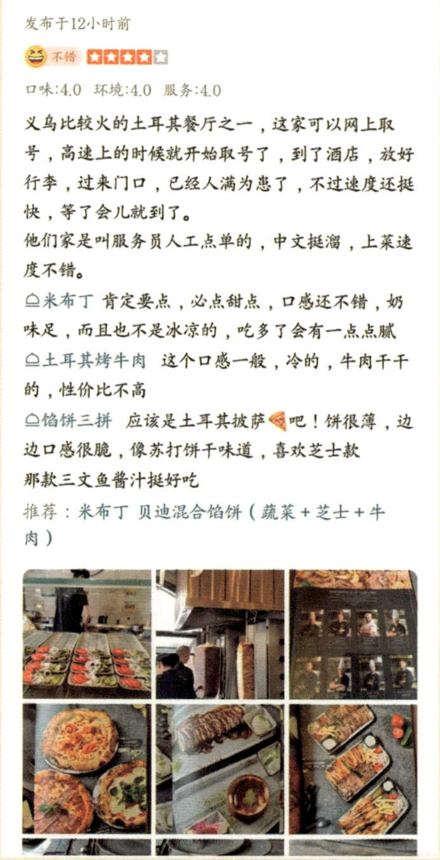

义乌贝迪餐厅五一假期消费火热

此外，以咖啡、鲜花、丽人、宠物为主的四种新消费业态也正成为县城消费新“四大件”。2024年美团数据显示，星巴克、库迪等多个品牌的县城咖啡外卖订单量增长97%，商户数增长159%。

《2023—2024年中国宠物行业白皮书》显示，2022~2023年，三线及以下城市的宠主占比从21.8%大幅提升至30%，增加了8.2%。相比之下，一线城市宠主的占比仅微升1.4%，二线城市宠主占比则下降了近10%。在景德镇的陶艺工坊，游客们将宠物爪印拓在陶胚上，这种“毛孩子纪念品”成了比瓷器更抢手的伴手礼。

种种迹象表明，人们的消费需求并不是一味减弱，而是人群和锚定物发生了转移。很早的时候，研究者就发现中国区域消费有一个从高线城市向低线城市、乡镇波段性传导的过程。至少，迄今中国并不存在普遍意义上的消费降级，因为总有一个足够庞大的群体在消费升级。

从全国来看，1812个县城、7.48亿名常住人口，占全国消费市场38%的比重。如今，县域正在撑起中国消费的一片天。这才是中国消费的基本盘。

面对县域市场的复杂性，美团的战略从单纯流量扶持转向生态共建。2025年3月，美团将原“到综事业部”升级为“服务零售事业部”，这彰显了美团对于服务零售市场的重视和布局，中小城正是重心之一。

消费升级不是简单的“从低端到高端”，而是通过数字化手段实现供需关系的精准匹配。当县城青年用手机下单“30分钟送达”的现磨咖啡时，他们书写的不仅是个人生活方式的变迁，更是一个国家消费基本盘重构的注脚。

数字化产业出海“元年”，从“数字化出海”到“出海数字化”

2024年8月，一款名为《黑神话：悟空》的国产3A游戏横空出世，迅速登顶Steam全球热玩榜，全年全球销量高达2800万份。令创作团队惊讶的是，海外市场的贡献达到了约30%，大大超出预期。在2024年The Game Awards（TGA）上，《黑神话：悟空》一举捧回“最佳动作游戏”“玩家之声”两座奖杯，成为当仁不让的国产游戏之光。

在《黑神话：悟空》大肆进军全球市场后不久，《哪吒之魔童闹海》又以159亿元票房刷新了中国票房纪录，冲进了全球影史前五。这部集结了全国动漫产业力量的代表作，被欧洲媒体喻为“视觉与叙事的双重革命”，法国影评网站“大屏幕”称其“打破了好莱坞垄断，重新定义动画电影高度”。在北美地区，上映首周末就斩获949万美元票房，两周票房累计超过1486万美元，创华语电影发行规模之最。

而当哪吒“大闹”好莱坞时，一款名叫ReelShort的中国微短剧App已经连续8个月霸榜美国iOS娱乐类下载量第一，单剧付费收入突破1000万美元。国产“玛丽苏”和“霸道总裁爱上我”的戏码摇身一变，成为吸金海外受众的流量密码。

这些看似孤立的场景，实则是同一场变革的投影。2024年，中国网游、网剧、网文组成的文化出海“新三样”，正以风暴之势席卷全球市场。据行业协会数据，2024年我国微短剧市场规模超过500亿元，超过了电影票房规模；用户数量突破6.62亿人，网民使用率高达59.7%。网文方面，《赘婿》

《大国重工》《穹顶之上》《神藏》等共计16部网络文学作品被收录至大英图书馆的中文馆藏书目，阅文集团的《超级神基因》其英文译本在WebNovel（起点国际）的累计阅读量已超1.4亿。

2024年，数字化“华流”开始真正走向世界，这背后不仅是商业层面的突破，更是一场文化叙事的胜利。但这场风暴的深层意义远不止于此。当“新三样”在消费端攻城略地时，一场更深刻的变革正在发生。

2024年，中国迎来数字化产业出海的元年。中国与数字经济相关的出海正从“数字化出海”向“出海数字化”扩展。最新趋势是，更多面向企业端应用的技术和服务开始出海，体现为传统行业的出海企业借助数字化技术，进行出海业务的全方位数字化转型和创新。中国企业出海，正在经历从前台的商品输出转向后台的技术和服务输出，从ToC的消费表层升级为ToB的生态重构。

数字化时代的企业出海，最容易遇到的“卡脖子”问题就是数据合规问题。比如，2025年低调进入中国市场的特斯拉FSD，就因中国境内数据无法传送回美国，只能用模拟数据或公开数据进行仿真训练而不能实测，导致FSD中国版智驾功能大打折扣。中国车企出海存在相似问题，但国产云厂商的在地化部署，则为中国智能网联汽车的出海解决了后顾之忧。

2024年7月17日，广汽埃安泰国工厂建成投产。为了复刻国内的智能化体验，在广汽埃安出海东南亚的过程中，腾讯云为其搭建了数字化基础设施，成功复制了“智能网联云平台”。只用了3个月，广汽埃安就实现了泰国市场的车联网量产落地。

在拉丁美洲，2024年12月9日，美的在巴西的第三家工厂在包索市举行了量产仪式。巴西副总统兼发展、工业、贸易和服务部部长Geraldo Alckmin提到，美的巴西新工厂是过去10年来巴西家电行业最大的投资项目。而美的在巴西搭建智能工厂时，就用了腾讯云本地专用集群CDC，构建了智能工厂的数字化底座。这既帮助美的低成本快速搭建起服务，也满足了数据本地化储存的监管合规需求，比起自建数据中心成本降低了30%。

同样是巴西，全球每三杯咖啡就有一杯产自这里。而为巴西农业、畜牧业和食品供应部打造数字底座的，是来自中国的华为云。以巴西国家农村环境登记业务系统（SICAR）为例，在使用华为云服务的第一年，IT费用节省了77%，减少了90%的基础设施采购成本，IT员工工作效率提高了60%。以前，处理客户申请需要7秒，而在云服务的支持下，现在仅需680毫秒。

2024年，“中国云”飘扬在了全球各地。在2024年腾讯全球数字生态大会上，腾讯公布，腾讯云海外客户累计突破10000家，全球合作伙伴超过11000家，持续打造了包括阿斯利康、奔驰、丰田、沃尔玛中国在内的40多个财富500强级别海外企业进入中国。

华为云已构建起覆盖全球170多个国家和地区的服务网络，包含33个地理区域和96个可用区，并打造了“50ms时延圈”。2024年，华为云海外增速超过50%，全球已有超140家运营商、超500家金融客户、超90%的中国互联网客户、超90%的TOP30中国车企选择华为云。2024年5月，华为云埃及正式开服，在开罗设立了公有云节点，成为全球首家在埃及建立公有云的公司。

阿里云也极速“挥师”海外。阿里云在全球服务了数百万客户，包括超1/3的全球500强企业，以及累计支持了超25万家中国企业出海。根据2024年8月发布的*The Forrester Wave*：*Public Cloud Platforms in China 2024*报告，阿里云与亚马逊AWS、微软Azure、谷歌GCP处于领导者地位，在产品和战略方面排名全球第二。

据中国信通院发布的《云计算蓝皮书（2024年）》，2023年全球云计算市场规模为5864亿美元，预计2027年将突破万亿美元。而中国2023年云计算市场规模为6165亿元，预计2027年突破2.1万亿元。

当更大的蓝海与机会指向了海外市场，国产云厂商必须以技术突围、生态裂变、本地深耕三位一体的战略路径重构全球云服务版图，方能在智能云时代守住战略高地。2024年11月，《中共中央办公厅 国务院办公厅关于数字贸易改革创新发展的意见》公布，明确指出要大力发展数字技术贸易，加强关键核心技术创新，加快发展通信、物联网、云计算、人工智能、区块链和卫星导航等领域对外贸易。

同时，中国的数字化产业出海也体现为数字贸易企业凭借先进的数字技术，如大数据分析、人工智能、物联网等技术，构建起了全新的商业模式和价值链，为全球消费者提供了更加丰富多样的商品和服务。

迪拜时间2024年12月17日，美团无人机在迪拜民航局举办的无人机物流商业化启动仪式上，正式获得当地首张BVLOS无人机配送商业运营资质证书。这张由迪拜民航局颁发的证书，意味着美团无人机可在迪拜硅谷绿洲区（DSO）开展常态化配送服务，标志着美团无人机迈出了全球化运营的第一步。

要获得这张证书并不容易。从2023年开始，美团无人机就将其自主研发的飞行器、智能机场及调度系统引入迪拜，针对当地高温、信号差等特殊环境挑战进行技术攻坚。经过长达一年多的调整和测试，才最终通过审定。

目前开通的4条航线，覆盖美国罗切斯特理工学院迪拜校区（Rochester Institute of Technology Dubai，RIT Dubai）和Dubai Digital Park等区域，可配送快餐、应急药品等商品。这项新服务一上线，就收获了众多好评。有来自RIT学生在体验后感叹：“无人机送外卖，真的很酷。十几分钟就能收到商品，送过来的可乐还是冰的，体验感非常好。”

美团无人机在和迪拜无人机物流商业化运营启动仪式上完成的首个配送订单

Fakeeh University Hospital的CEO Moheyman则表示："开启无人机送药，是一个重要的里程碑，后续可以拓展更多的应用场景，例如，血浆配送对于时效有非常高的要求，无人机配送完全可以满足此类要求。"

这种以技术重构产业逻辑的出海实践，正在多个领域同步上演。跨境电商领域，Temu在海外的取胜之道被称为"下一代制造"（NGM）战略。核心就是利用大数据分析和AI技术全面优化供应链，通过精准的销售预测和个性化推荐能力，深入洞察平台消费者喜好和购物行为，并将这一预测结果和商家共享，从而商家能更好决定下一步的生产计划，优化库存水平，提高周转率，实现降本增效。汇丰调查报告估算，2025年，Temu将为拼多多集团贡献超过50%的收入。

Temu、Shein等企业勇闯海外的同时，配套物流企业也随之出海，打通了跨境电商企业服务末端的"最后一公里"。中国物流与采购联合会航空物流分会数据显示，2025年前两个月，全国共新开国际货运航线35条，每周增加往返航班超过73个。航线结构方面，欧洲航线多达19条，其次亚洲航线达到14条，主要以跨境电商货物、生鲜货物、电子产品及汽车配件物流为主。

其中，顺丰在2025年3月全面升级了亚洲至美国的国际快递电商服务，定制了从原材料运输、仓储库存管理、终端派送的全方位、全流程供应链解决方案。来自福建泉州从事跨境电商生意的胡小平，2024年在越南设立了中国之外的全球第二个供应链中心，并计划把跨境电商生意做到美国去。在选择物流商时，他坚定选择了顺丰，并坦言："自然而然就选择了顺丰，这是在国内就建立起来的信任。"

从平台到跨境企业再到配套物流基建，全新的商业模式催生出全新的产业规则。而在这场出海浪潮中，中国科技企业正通过数字化解决方案重新定义全球市场运行范式。从美团无人机在迪拜搭建低空物流网络，到Temu以数据驱动重塑跨境电商供应链，创新技术正在打破传统行业边界。而这些看似分散的突破，实则勾勒出一条清晰的轨迹：以技术穿透地域壁垒，用生态重构产业话语权。

当无人机在沙漠上空划出物流航迹，当中国云扎根在了拉丁美洲的广袤大地，中国企业的出海实践已从单一产品输出，进阶为“技术标准+商业生态”的双重赋能，在全球产业链的深水区掀起静默而深刻的变革。同时，政策与技术的共振也在为这场变革注入加速度。2025年的《政府工作报告》中，“人工智能+”战略首次被提升至国家产业升级的核心地位，强调要持续推进“人工智能+”行动，将数字技术与制造优势、市场优势更好结合起来。

中国企业在全球价值链中的地位日益突出，新的市场风险也随之而来。关税壁垒和贸易保护主义让中国企业的全球化变得更加困难。

但越是被动，就越应该主动。当代中国企业出海，需主动突破传统思维，以地理空间、认知空间和价值链空间为核心重构全球化战略。在地理空间上，企业应超越短期“关税规避”逻辑，选择具备长期潜力的区域节点（如墨西哥、越南）构建“主链在中国、副链辐射全球”的主动供应链体系。在认知空间上，需深度融入当地文化节奏，避免“中国经验”的粗暴移植。在价值链空间上，企业需向技术高端攀升，如中天科技借土耳其工厂突破超高压电缆技术壁垒，并通过地理位置链接欧洲资源。

同时，企业应摒弃“吃独食”思维，通过创造本地就业、共享利益建立共生生态，并联合商会、金融机构形成“合成营式”支撑体系，以专业服务规避法律劳工陷阱。此外，需以5~10年为周期培育创新增量，依托国内外市场联动突破技术瓶颈，警惕“火鸡思维”的短视风险，将出海视为全球化能力重建的起点而非终点，最终实现从被动“流浪工厂”到全球价值链主导者的跨越。

延伸阅读

“飞跃”中东，美团向数字全球化迈进

在沙特阿拉伯首都利雅得街头，印着Keeta标识的黄绿色骑手格

外醒目。这个来自中国的外卖平台，正用5年时间将中国的互联网经验，转化为中东市场的商业新规则。

2024年10月，当Keeta登陆利雅得时，当时中东外卖市场被Talabat、Hunger Station等平台垄断，但目前，Keeta用日均10万订单和20%的市场份额，打破了传统格局。

沙特阿拉伯的年轻化社会结构是这场变革的温床。沙特阿拉伯70%人口年龄低于30岁，人均可支配收入达到2.3万美元，是东南亚的3倍以上。年轻又有钱的消费力量崛起，带来了高客单价的红利。在利雅得高端住宅区，Keeta用户月均点餐次数高达8.7次，客单价折合人民币超过200元。

而为了将这群"高净值人群"转化为Keeta用户，平台打出了"首单五折""永久免运费""新用户百元补贴"等组合拳，成功跻身于当地前三位的外卖平台。除了送外卖，美团闪购和小象超市都已派出团队前往沙特阿拉伯，且将在2025年第一、第二季度相继上线，增加Keeta在中东市场的产品供给范畴。

在出海中东市场之前，Keeta在香港地区的实验为其国际化提供了借鉴。通过推出30~60港元的"一人饭堂"套餐，Keeta将客单价砍半至60港元，推动订单量半年翻倍至日均30万单，并首创"步行骑手"模式吸纳本地就业。这套经验在中东转化为"家庭拼单"配送优化，使劳工聚居区效率提升40%。

面对新市场挑战，美团采取差异化策略，在沙特阿拉伯以每月2000~6000沙特里亚尔（折合人民币3800~11400元）低成本招募骑手，要求日均在线10小时但不设硬性单量指标；针对日韩、北非等潜在市场，则计划通过收购改造快速切入。

这一迅速扩张甚至"震慑"了同行。据《晚点LatePost》报道，2024年第三季度，叮咚买菜管理层调研后决定进军沙特阿拉伯，计划

2025年3月前开出首个前置仓。但当得知美团的小象超市也考虑进军沙特阿拉伯时，2月初，叮咚CEO梁昌霖在内部会议上宣布暂时放弃沙特阿拉伯市场，及时止损。

美团外卖业务出海的同时，也伴随着技术的航海。2024年12月17日，美团无人机在阿联酋迪拜的RIT Dubai进行了飞行配送。两条配送航线，医药航线实现了从Fakeeh University Hospital（FUH）出发，至RIT Dubai及Digital Park办公区域的高效配送。外卖航线则从DSO的KFC门店起飞，能够将餐品精准配送至RIT Dubai和Digital Park的办公区。

当天，迪拜民航局向美团颁发了阿联酋首张超视距无人机配送商业运营资质证书，标志着美团无人机的国际化运营迈出了重要一步。

2025年，美团CEO王兴在内部会上提出了三个“新”方向，其中就包含“国际化”，计划Keeta三年覆盖海湾六国（沙特阿拉伯、阿拉伯联合酋长国、卡塔尔、科威特、阿曼和巴林），并希望Keeta的外卖市场规模达到千亿美元。

可以想象，未来越来越多的Keeta的无人机，飞过迪拜的上空，向校园投下无人机配送的肯德基套餐时，中国互联网企业将用即时配送改写海外市场的消费习惯。从香港的“一人食”到中东的“家庭拼单”，美团正将中国市场的经验转化为适应不同文化的商业模式。而这片曾以石油经济定义全球商业版图的土地，也正见证着另一种文明的渗透。

年度热词

低空经济：一种利用低空（如无人机）进行商业活动的新兴经济模式，包括无人机配送、空中出租车和农业喷洒等。这一经济模式通过技术创新，能提升交通效率、降低物流成本，并创造出新的就业机会，让城市生活更便捷。

闪电仓：一种即时零售供给新模式，可简单概括为“线上便利店+即时配送”。它通常是专为线上销售设计的前置仓，依托即时零售平台，为消费者提供小时达或半小时达的配送服务。它可以减少线下装修投入和房租、人力成本，且相同门店面积下坪效更高，而借助数字化管理系统，可实现高效的库存管理和销售预测等。

人形机器人：指长得像人的机器人，具备类人形的头、身体和四肢，能像人类一样行走、抓取物体。这类机器人目前通常被应用于工厂生产线和照顾老人，少部分已经进入家庭生活，能代替人类解决部分危险和重复性工作，提高生产生活效率。

具身智能：指智能体（如机器人）通过身体感知和行动来学习思考，像人类一样“动手体验世界”。它不只靠数据计算，也靠触摸、移动和与环境互动来积累经验，从而更灵活地适应真实场景。比如机器人学走路会自动调整平衡，能让AI更接地气，让技术向更符合现实生活的方向进化。

出海数字化：指中国领先的数字技术，如云计算、AI大模型、无人配送系统等向海外输出，并赋能当地企业和市场升级。与企业用数字工具拓展海外市场不同，这种出海方式输出的是“数字能力”，可以帮助海外企业提升效率、创新服务，让海内外企业一起享受技术进步的价值。

新职业篇

新旧就业蓄水池切换，别样的高质量充分就业

过去一年，中国的劳动力市场出现新变化。有阵痛，也有机会。

一方面是传统的三大就业“蓄水池”在2024年先后发出告急之声，部分地区的骑手、网约车司机接近饱和；另一方面是普通人的应变相对于就业业态的变化有较大滞后性，需要新的技能，表明就业仍有较大空间。

有专家指出，当前劳动力供给从增量模式向存量模式转换，劳动要素投入从低技能、低成本向高素质、高人力资本需求转换，劳动者就业要求从“有没有工作”向“工作好不好”转变，就业观念从“保饭碗”向“求发展”转变。

在《中共中央 国务院关于实施就业优先战略促进高质量充分就业的意见》中，“高质量充分”成为“就业”的定语，界定了新内涵，确定了新目标，提出了新要求。

“高质量充分”包含“扩容”和“提质”两层含义，对于就业，意味着需要产业拉动更给力有效，需要数字赋能点石成金，需要就业体系优化升级；对于就业者，意味着要工作稳定、收入合理、保障可靠、未来可期。

当前我国有9亿劳动年龄人口，丰富的劳动力资源是我国发展的一大优势，而促进劳动力高质量充分就业也是长期面对的一项重大任务。

进入2025年，实现高质量充分就业依然是我国经济社会发展的重要目

标，而数字经济将在产业链、供应链、价值链和创新链的高质量就业格局中发挥重要作用。

这几年，数字经济蓬勃发展，互联网平台不断创造新消费、新服务业态，也催生了新职业。一个个新职业，就是一个个新的就业增长点，是就业新空间、发展新赛道。迷恋“秋天的第一杯奶茶”，可以成为调饮师；喜欢“俯瞰地球”，可以当个无人机飞手；向往“诗和远方”的人，做起民宿管家；紧跟AI步伐，可以做个AI训练师……新职业层出不穷，新业态朝气蓬勃，零工经济异军突起，为扩大就业注入新动能。

在新职业篇，我们洞察到几个新趋势：第一，新旧就业“蓄水池”的切换，传统的三大就业“蓄水池”：外卖、快递、网约车出现了饱和，而网络主播、无人机飞手、AI训练师、云客服等新职业涌现则扩充着就业“蓄水池”，这背后体现的是新技术、新模式创造新就业增长点，也是新质生产力的应有之义。

第二，高质量就业的“扩容”与“提质”正在双线并进，新就业形态劳动者保障网越织越密，美团、饿了么、京东等外卖平台纷纷宣布为骑手买社保，新就业形态人员职业伤害保险已覆盖1022.64万人，并将继续扩大试点，各方力量共同推动算法向上向善，新就业者“友好场景”遍地开花，从上到下正在打响一场关于效率、公平与人文温度的权益突围之战。

第三，随着人口老龄化的持续深化，关于“如何优雅从容地老去”的刚需出现，让养老服务业成为真正的朝阳行业，吸引了无数年轻人躬身入局。老年助浴员、老人陪诊员、老年人能力评估师等与养老相关的新职业越来越多，涌入的年轻人也成为另一种意义的“兼职儿女”。社会开始对养老服务从业者“高看一眼”，从政府补贴到人才政策都在向养老服务业的新职业倾斜。

海阔凭鱼跃，天高任鸟飞，在职业选择的当口，越来越多的年轻人不再一味地追求他人眼中体面风光，而是“人间清醒”，知道自己想要什么、行业需要什么、社会呼唤什么，勇于试水、敢于尝鲜，在时代机遇和个人禀赋之间找到结合点，实现自我、创造价值，探索个人志趣与经济社会发展的同频共振。

新就业蓄水池蓄势待发，新质生产力撬动新增量

“在长城上搞无人机送外卖？这事儿靠谱吗？”2024年的夏天，美团无人机飞手罗锡坤接到在八达岭长城上测试无人机配送任务时，内心直打鼓。这项任务难点在于地形复杂，垛口和城墙会干扰GPS信号，怎么让无人机在信号丢失时自己找到路是关键。

罗锡坤和他的团队经过反复测试，终于摸索出了“城墙模式”，无人机能主动绕开障碍物，并悬停避让旅客。长城航线顺利开通后，很快就派上了大用场，一位游客在爬长城时突发低血糖，附近没有商店，最后无人机载着功能饮料前来“救场”，用时仅5分钟。

在美团，像罗锡坤这样的无人机飞手有几十名，他们分为视距飞手和测试飞手，其中不少是从骑手转型而来。随着无人机即时配送业务在全国多个城市落地，开辟新航线的需求激增，无人机飞手队伍也将继续壮大。

无人机飞手，是伴随低空经济蓬勃发展出现的新职业。据统计，全国实名登记的无人机已超过200万架，无人机驾驶员和无人机装调检修工2个职业被编入人力资源和社会保障部的新职业大典里。送外卖是大家最熟悉的场景之一，实际上无人机飞手覆盖范围十分广泛，如医疗运输、国土测绘、电力巡检、农林植保、森林消防等。

商业应用场景之外，多地还出现了不少面向无人机飞手的“铁饭碗”。2024年9月，合肥市公安局招录2名具有无人机驾照的人民警察，属于全市今年168个“急需紧缺专业公务员”岗位之一。深圳市某分局大队招聘2名无人机操作手，称有良好的晋升渠道，还可以推荐报考、优先录取成为深圳

市正式辅警。

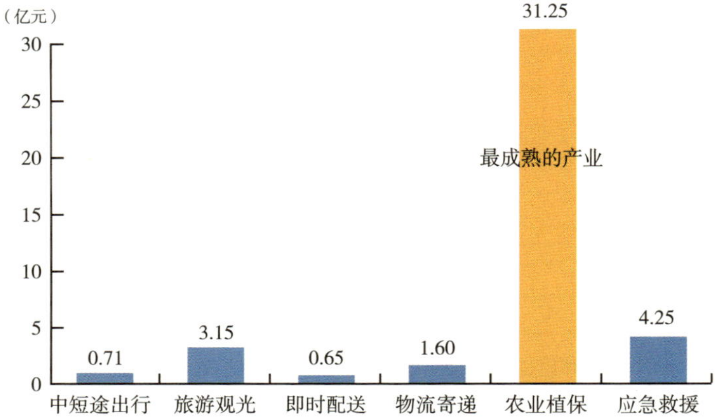

无人机各消费场景市场规模
（不包括海油作业、航空航天、地质测绘等非消费场景）

数据来源：浙商证券

目前低空经济还处在商业化初期阶段，未来岗位需求会越来越大。民航局发布的《民用无人驾驶航空器操控员和云系统数据统计报告（2023年）》显示，截至2023年末，国内拥有无人机操控员执照的仅有19.44万。据有关部门测算，现在我国无人机操控员就业人才缺口高达100万。很少被关注到的无人机装调检修工，人才缺口更是达到350万。

一个科技热点催生一个新产业，带火一类新职业。2025年全国两会上，“人工智能”是一个热词。《政府工作报告》强调，要通过持续推进“人工智能+”行动，将数字技术与制造优势、市场优势深度结合，大力发展智能终端与智能制造装备，打造具有国际竞争力的数字产业集群。这一战略背后，是AI技术对产业格局与就业市场的深刻重塑。

一批新职业正因AI而兴，包括人工智能训练师、人工智能讲师、AI设计师、算法工程师等。特别是在DeepSeek点燃全球科技热情后，AI岗位需求正在激增。在上海的春季某个招聘会现场，大量的AI相关岗位起薪都在每月万元以上，有的甚至高达5万元。智联招聘春招市场行情报告也显示，春节后一个月，人工智能讲师招聘职位数同比翻倍，增速达112.4%，平均招聘月薪为15792元。要成为人工智能讲师并不容易，需要具备课程教授、深度学习、课程策划、视觉图像算法、项目实训等多种复合型技能。

当然，并非所有与AI相关的新职业门槛都这么高，如2020年被纳入国家职业分类目录的AI训练师，作为教会AI理解世界的“老师”，可分为5个等级，“4级到5级是数据标注员，通过采集处理图片、语音、文本、视频等原始数据，并标注成人工智能可以理解的结构化语言，将AI训练得更‘聪明’。1级到3级属于高级工，负责设计、优化智能系统，需要掌握业务分析、智能系统设计、算法参数调优等知识”。宁波交通高级技工学校副校长金耀接受媒体采访时介绍。基础的数据标注员不需要太高的学历和专业的背景，培训几天就能上手，只有涉及训练一些垂类大模型时才需要专业对口。

于是，数据标注员成了AI岗位中最先下沉的一个，一是技术门槛低，二是小城市用工成本低。央广网曾报道，在黄土高原上的临汾市永和县——一个常住人口只有2万多人的小县城，就有100多名数据标注员，其中70%都是宝妈。王丽娜就是其中的一员，对她来说，工作并不复杂，“比如一个机器人要识别水果种类，就要有人在前期大量的水果图片数据中，标注出什么是苹果什么是梨”。

在永和县，这样的工作对王丽娜来说相当难得，因为当地交通不便，就业机会少，男性劳动力大多外出去临汾市、太原市谋生，留下的大多数是没有专业技能的妇女以及儿童、老人。在国家卫健委的协调下，蚂蚁集团与中国妇女基金会等组织发起了数字产业扶贫项目，第二批试点选中了永和县，给当地女性带来了新的就业机会。

在当地，数据标注员工资一个月四五千元，不少像王丽娜一样的年轻女性成了家里的经济支柱，连带着家庭地位也上升了。更重要的是，“王丽娜们”找到了灶台和孩子外的人生价值，她们跟黄土坡外的世界有了联系，参与到了人工智能的科技浪潮中。随着人工智能的进步，一些类别的数据标注技术难度也在上升，高中学历的王丽娜跟几个同事一起报名、上网课，还获得了函授大专学历。

这几年自动驾驶的发展，为数据标注市场带来了巨大的增量，大部分人工智能产品对模型精准度的要求都高于90%，而自动驾驶的要求是接近100%，精准度要求越高，需要的数据量成倍增加，也为AI训练师打开了新缺口。德勤的报告显示，2022年自动驾驶领域的标注需求占整个AI下游应用的38%，预计到2027年，比例将上涨到52%。

AI训练师变得更紧俏了。《中国人工智能人才培养报告》显示，我国人工智能人才缺口超500万人，光是经济大省广东的缺口就达到百万人。2023年至今，北京、上海、广州、佛山、雄安新区、成渝地区等地将人工智能训练师列入当地“急需紧缺工种”目录。多地政府联动当地职业院校办起了培训班，如北京科技职业大学集成电路学院（人工智能学院）于2023年设立，目前在校学生约有800人。

与AI训练师相似，为下沉市场创造新机会的，还有云客服。数字经济澎湃，美团生活服务业务催生了云客服新岗位需求。作为美团服务体系里新兴的弹性资源，云客服属于灵活用工，打破了地域藩篱，实现居家办公，无须坐班，最小工作时长以1小时为单位。截至目前，美团云客服累计拥有超过10万名注册用户，其中超过3.7万名云客服获取客服技能，累计有3.6万人借此拿到收益。

云客服为不同人群带来了更多的可能性，宝妈在操持家务与养育子女的间隙，通过键盘敲击迈向经济独立，残障朋友于屏幕之前敲击键盘与聆听语音展现自身价值，大学生则在课余时段利用云客服窗口赚取零花钱，他们皆是广大云客服群体的生动写照，凭借一方小小屏幕，连通起广阔世界。

与无人机飞手、AI训练师一同被媒体称为新“就业三宝”的，还有网络主播。过去五六年，直播电商交易规模暴涨到5万亿元。短视频和直播风口的到来，中国人均单日刷短视频的时长已经超过2.5小时，比打游戏、看剧都多。中国人事科学研究院发布的《短视频直播生态催生新职业促进高质量充分就业报告》测算，短视频直播生态孕育和催生了174个新职业，创造了“互联网营销师”“探店达人”“互联网招聘师”等诸多就业机会，涵盖主播、助播、选品师等30多种新职业形态。

目前，网络主播已经超过1500万人，《网络主播新职业发展报告》显示，从业主力是“80后”和“90后”，占比达到58%，“60后”“70后”占比达到25%，八成以上职业网络主播平均月收入在8000元以下。网络主播成为大众化的职业，不仅为一二线城市带来规模化的就业机会，也为新一线和三四五线城市带来普惠的就业机会，不少新农人主播成为助力乡村振兴的特色力量。目前，网络主播这一新职业缺口仍然很大，《网络主播新职业发展报告》预测，2025年直播行业的人才缺口达到1941.5万人。

从无人机飞手到AI训练师，从云客服到网络主播，这些新职业不乏共同特征：第一，它们都是新的就业蓄水池，缺口从数十万到上千万不等，而且普遍门槛不高，但收入不低，对年轻人、非技能型群体具有较大吸引力，还能帮助劳动者提升工作技能，让远在小县城的女性、农人都有相对平等的就业机会。第二，这些新职业的“含科量”越来越浓，与新质生产力密切相关，是新技术、新业态蓬勃发展挖掘出来的新的就业增长点。第三，这些新职业如同一面镜子，照出的是党中央提出的“高质量充分就业”目标，这些新职业的扩容增量，正在不断为我国的高质量发展添加新的活力。

新质生产力的源头在科技创新，落脚点在产业升级，关键因素在人才支撑，作为最具创新力、创造力的年轻群体，要扛起发展新质生产力的大旗。

当低空经济、人工智能、数字经济等新技术、新业态、新模式涌现时，也带来“创造性破坏”的职业更迭，一批旧职业加速消失，一批新职业正在涌现。

以AI为例，麦肯锡研究预测，到2030年，全球有4亿~8亿个工作岗位将被自动化取代，但另有9亿个新工作机会崛起，“AI训练师”“数字伦理师”等新兴职业，本质上都是人类独特优势的延伸。因此，人们需要担心的并不是被AI取代，而是如何把AI变成趁手的“助理”。

新职业并非对旧职业的简单替代，它们之间往往有着密切的“递进式”关系。从骑手升级为飞手的罗锡坤，原来做骑手的经验让他更熟悉城市路线，开发新航线时更得心应手；网络主播的出现并非是取代线下店主，实际上不少服装店主、生鲜店主都已经转型成网络主播，打开了生意新增量；还有三一集团的“灯塔工厂”里，当机器人变成“工友”，有经验的技术“老师傅”并没有被淘汰，而是转型为指挥和监督机器人的“新工人”。

可见，新技术、新业态、新模式的出现，倒逼劳动者提升技能和素养，更能适应新质生产力的时代需求。在一定程度上也将人从“劳动密集型”的工作中解放出来，去做更轻松、更能发挥人类优势的事，这也是新质生产力的应有之义。

过去10年，网约车驾驶员、外卖骑手、快递员被称为中国互联网浪潮下的“就业三宝”，而随着这老“三宝”的逐渐饱和，无人机飞手、AI训练师、云客服、网络主播等新职业相继涌现，不断扩大就业“蓄水池”，也让灵活就业成为更多年轻人的新选择。教育部门的统计数据显示，在高校毕业生中，选择灵活就业的比重已超过10%，尤其是新业态灵活多样的工作方式，符合他们追求自由、开放、多元、平等的价值理念。

一个时代有一个时代职业机会，技术革命正在孕育全新的职业版图，对于每个普通人而言，最好的方式是积极拥抱新技术，拥抱更具包容性和创造力的未来。

延伸阅读

“90后”小伙罗锡坤：从“地面骑手”到“空中飞手”

在中国低空经济蓬勃发展的浪潮中，罗锡坤的名字被反复提及。这位曾穿梭于深圳街头的普通外卖骑手，如今已成为无人机配送领域的“明星飞手”。

2019年，梅州小伙罗锡坤来到深圳，成为一名美团外卖骑手。在这座1000多万人的城市里，他的日常是骑着电动车在车流中穿行，与时间赛跑。然而，2022年美团内部一则“无人机飞手”招聘信息改变了他的职业轨迹。

“当时觉得这样一个新兴行业，前景应该很不错。”自小爱钻研、喜欢动手操作的罗锡坤，经过一个多月的理论与实操培训，从1000多名外卖小哥中脱颖而出，通过了民航局的《民用无人机驾驶执照》专业考试，成了一名“飞手”。

用无人机送货，是全新的体验。最初上岗时，按照相关监管规定要求，无人机配送需要在视距内运行，罗锡坤骑着电动车拿着遥控器追着无人机跑。很快，美团获批在城市里可以做超视距无人机配送，他则隐身于幕后，通过后台系统给无人机“监工”。

如今，他的工作重心又发生了转变，不再是无人机的“监工”，而是参与无人机配送航线开设前航线信息采集中，负责起降点考察、航线障碍点采集等工作。比如在了解周围环境的基础上，要选择一条尽量短的路径，期间要不断调整航线，绕开高楼、风口、树比较多的地方，往更开阔、信号更好的地方去。一年多时间里，他参与测试开发了18条配送航线，包括医疗航线、商圈航线、公园航线等。

2025年2月，经验丰富的罗锡坤被派到了迪拜。此前，美团海外版（Keeta）在中东上线后，受到当地居民的欢迎。但迪拜地广人稀，气候炎热，对骑手来说并不友好，无人机配送是一个完美的解决方案。2024年，美团在迪拜拿到了第一张无人机配送的商业化运行许可证，并开通了4条航线，罗锡坤正是为此而来。

在迪拜，罗锡坤与同事每天的任务是测试和规划航线，并考虑当地人对隐私保护的担忧，规划航线时要尽量避开居民区。更让他诧异的是，这个全球有名的“土豪区”对新技术、新业态是如此渴望，“在户外测试无人机送外卖，他们看到后，会更多露出惊讶的表情”。

作为美团无人机飞手的一员，罗锡坤是无数外卖骑手转型的标杆。他的职业转型，不仅是个体的突围，更是一个时代的缩影，普通人也能在低空经济的新蓝海中找到属于自己的机会。

织密社会保障网，百万骑手将有养老保险了

“上午站里宣布了社保试点的消息，10点就收到美团骑手App的推送，提示可以获得养老保险补贴。”2025年4月3日，福建泉州骑手陈先生收到信息提醒后松了口气。通知显示，骑手在当月自愿完成参保登记并实际缴费，随后美团会予以50%现金补贴，意味着他可自愿选择是否参保，参保平台还补贴一半费用，买养老保险的门槛大大降低了。

美团骑手养老保险试点方案

陈先生是美团试点骑手补贴养老保险的首批“幸运儿”，在福建泉州、江苏南通城区两个先行试点区域，预计有超过2.2万名外卖骑手被覆盖其中。从2025年4月开始，美团的试点采用“一地一策”的渐进模式，先在泉州、南通测试方案可行性，通过骑手恳谈会优化细则，再向其他地区推广。这种分层推进的策略，也呼应了人力资源和社会保障部“重点突破、分步推进”的改革思路。

值得关注的是，这是自2022年美团进行“职伤险”试点以来，首次面向全类型骑手开放新的险种试点。我国社保包含养老、失业、工伤、医疗、生育五大险种。美团在2022年7月试点新职伤（即工伤保障），已在7省为超过600万名骑手缴纳了该保险，初步实现了每单必保、每人必保。而医疗保险全国已有95%的覆盖率，大多数骑手已通过城乡居民医保解决。随着骑手的养老保险通过平台补贴逐步推开，骑手们在医疗、工伤之外又多了一层养老保障。

向灵活就业群体扩大覆盖网，是中国社会保障制度的一大进步。在中国，兼职和全职类外卖骑手有超1000万人，再加上快递员、网约车司机等，数字经济浪潮催生了2亿名灵活就业者。他们每天穿梭在大街小巷，在地图上划出了密密麻麻的路线，恰似一座城市生活服务高效运转的“毛细血管”。他们是数字经济时代劳动力结构转型的缩影，但全新的生产关系也超出了1993年社保制度在改革时的设计框架，而从政府到平台都在合力探索更灵活、更与时俱进的新保障体系，为灵活就业者织密保障网。

中国作为14亿人口大国，社保覆盖不是轻飘飘的一句话，而是一场艰巨的任务，这背后有现实的难题，需要一步步突破。以骑手缴社保为例，百万骑手们并不是不需要保障，而是现行的社保模式很难满足他们的特殊需求。让这个群体对于“五险”的需求有优先级：医保 > 工伤险 > 养老保险 > 失业、生育险。

骑手群体有职业特殊性，美团公布的调研数据显示，有40%骑手为跨省份流动就业，70%骑手为跨城市流动就业，外来务工人员占比为81.6%。骑手蓝团东接受媒体采访时说：“我的工作不稳定，到时候（换地方）缴不了怎么办？”高流动性，加上社保转移的复杂手续，让不少人干脆选择不参保。

此外，他们中有相当一部分人只把送外卖当作临时工作或兼职。一份调研显示，超过1/3的骑手在平台上工作不到半年，60%的骑手存在兼职行为。因此，他们中有相当部分人更在乎眼前的现金收入和医疗、工伤的兜底。正如骑手陈瑞说："考虑到退休政策和家庭的经济压力，不希望多一笔开支，我目前需要承担上有老、下有小以及还房贷的压力。"北京大学国家发展研究院的问卷调查也显示，若强制要求骑手个人缴纳社保，约23.5%的骑手明确表示"不愿参保"，38.9%的骑手仅愿将月收入的5%以下用于社保，仅不到一成的骑手能接受现行个人缴费比例。

美团在深度调研后形成的试点方案，则兼顾了保障性和灵活性。据试点方案，对当月收入达到就业地相关缴费基数下限，且近6个月有3个月满足该条件的骑手，美团以相关缴费基数为基准，补贴50%的费用，并且是"无前置资格限制、无参保地点限制、无时长单量限制、无跑单类型限制"。

骑手自愿参加灵活就业养老保险，平台直接补贴50%，这个方法看似简单却有效。一方面，它突破了地域限制，骑手可自主选择在户籍地或就业地参保缴费获补贴，这让那些"在城市打工、回老家养老"的骑手再也不用为社保转移发愁。另一方面，它刚好把骑手每月的实际支出降低到500元以内，正好卡在大多数人的心理承受线上，更有可能撬动参保意愿。

先行试点的泉州市灵活就业人员参加养老保险的最低月缴费基数为4433元，按缴费比例20%计算金额为886.6元，美团补贴一半后骑手需要缴纳部分是443.3元，而南通市骑手需要缴纳部分为487.9元。泉州市一骑手站点的站长表示，站内80%的骑手都能达到参保标准。

这一消息让骑手们兴奋不已，美团兼职骑手老张就充满期待，他说，如果缴纳养老保险后，他将考虑转成专职骑手，"感觉未来更有保障了"。此前《骑手的世界：对新职业群体的社会调查》一书提到，超四成骑手对所在城市/地方缺乏归属感。这一情况在一线城市更加明显，在一线城市工作的骑手中，同意"我感觉自己不属于这个城市/地方"的比例为59.1%。缴纳养老保险后，他们就有了退路。

这个方案最大的突破点在于，它绕开了困扰行业多年的"劳动关系认定"难题。这与此前新就业形态就业人员职业伤害保障试点有异曲同工之妙。早在2022年，北京、上海等7个省份就启动了新就业形态就业人员职业伤害保障试点，涉及美团、饿了么、闪送、货拉拉、曹操出行等7家平台企业。

不同于传统工伤保险，美团为骑手办理工伤职业时，不需要以绑定劳动关系为前提，不再以工资作为缴费基数，而是采取一种新的计算方式——按单缴费、每单必保、每员工必保，由平台按照上月总单量缴费。政府部门积极打通了职业伤害保障服务痛点堵点，优化申请、审查流程，缩短处理和支付周期，不少地方都实现了“一键报案”“一键理赔”。这可以看作“劳动关系与社会保险解绑”的开荒之举。

这种“数字职伤保”的探索，为新业态劳动者编织着动态安全网。“对外卖小哥来说，时间最宝贵。整日骑行奔波，难免磕碰，有职业伤害保障兜底，安心了很多。”48岁的外卖骑手张某，此前在送餐途中发生交通事故，造成骨折，在人力部门的协助下，他申请了职业伤害保障，报销了大部分医疗费用，还收到了一次性伤残补助金6.5万余元。

试点取得了良好效果，截至2024年11月末，1022.64万人都纳入了保障。人力资源和社会保障部在2025年全国两会期间宣布，新就业形态人员职业伤害保障试点将从7个省份（市）增至17个省份，并逐步推广到全国实施。新就业形态人员职业伤害保障试点，就是一次凝聚了政府、企业、社会多方智慧的实践，也为美团给骑手缴养老保险打下了良好的基础。

美团试点方案小组负责人对媒体表示，综合考虑下公司将养老保险作为新一轮试点的首要方向。“我们将在试点中不断积累经验，总结完善办法，持续加强新就业形态劳动者权益保障。”

更值得关注的是，一旦骑手交养老保险试点成功，它可能会快速覆盖百万名骑手，甚至影响2亿名灵活就业群体的未来。有专家指出，骑手社保的推进不仅影响外卖行业本身，还可能成为零工经济保障体系改革的起点，甚至推动更广泛的社保制度变革。

中国有2亿名灵活就业者，未来这个群体或将更壮大，社保扩面并非易事，日拱一卒，向前的每一步都值得肯定。早在2020年7月28日，《国务院办公厅关于支持多渠道灵活就业的意见》印发，提出“拓宽灵活就业发展渠道”，“加大对灵活就业保障支持”。那时候，灵活就业还是个新鲜词，中央已经意识到了它对于拓宽就业新渠道、培育发展新动能具有重要作用。2025年政府工作报告专门指出了今年的一项重要任务：“加强灵活就业和新就业形态劳动者权益保障。”可见中央对于织密灵活就业群体保障网的迫切心态。

这张“网”的加密，不仅有赖于政府的顶层设计去破除制度性的束缚，也有赖于平台企业积极探索更“接地气”的保障方案，在覆盖面上做到了“应保尽保”，在制度设计上确保“来去自由”，在成本控制上实现“双方共担”，让更多灵活就业者在创造数字经济时也享受数字红利。

一个更有人文关怀的数字生态网正在形成，算法优化也是一个重要的抓手。“以前看到倒计时还剩3分钟，急得直接把电动车骑上人行道。”北京骑手刘伟的旧工作模式，正是外卖行业“速度焦虑”的缩影。此前，在“超时罚款”制度的压力下，“速度与激情”成为不少骑手的工作常态。而这种工作模式正在发生转变，2024年12月28日，美团宣布推出8项举措继续改善算法，计划在2025年底前逐步取消骑手超时扣款，推动从“负向处罚”向“正向激励”转变。

这也是美团自2021年9月10日以来，第9次公开算法规则并探索相应的规则改进。美团已经陆续落实“防疲劳机制”“取消骑手超时扣款”等算法改进，并成立算法顾问委员会，召开多场社会各界代表参与的骑手恳谈会，以广泛听取算法改进意见建议，联合各方力量推动算法向上向善。算法具有外部性，而通过算法优化为骑手们“松绑”，这类高维“算法”的核心逻辑就是以人为本，内含人文温度与人本情怀。

跳出平台的视野之外，我们会发现整个社会对于新形态就业者的目光都变得更柔和了。2024年以骑手为题材的电影《逆行人生》上映后，观影者狠狠“共情”了骑手们的不易，不少人在社交媒体发出了“再也不给骑手打差评”“迟到没关系，安全第一”的友好声音。

关爱新就业群体已经汇聚成一股力量，多地正行动起来。郑州某地启动了“新就业群体关爱凝聚行动”，在倡议书中提出，要因地制宜为骑手等开辟“绿色”通道，合理设置车辆停放区，尽力为新就业群体提供临时歇息场地，让外卖、快递员进出更便捷。对小区居民提出要多理解尊重骑手的工作，“当外卖稍微延迟时，多点耐心、多些包容，请相信他们正全力以赴向您驶来”。

苏州把关爱新就业群体写入政策里，2024年苏州出台加强新就业群体“友好”场景建设的指导意见，提出在新就业群体工作和生活集聚区，重点推出一批新就业群体“友好社区”“友好商圈”“友好楼宇”“友好园区”“友好停车场”，为新就业群体工作生活带来极大便利。据了解，苏州市有快递员、外卖配送员、网约车司机、货车司机、网络主播、代驾司机等新就业群体约32.5万人，他们是支撑苏州打造“15分钟便民生活圈”的重要力量，让他们更好地融入苏州体现的则是城市治理的精度和温度。

不少城市在加码新就业群体“友好场景”构建，如上海启动了“人民城市·好YOUNG骑手”“骑手友好城区”建设，包括百家商户共同为“骑手”提供“免费食品、专享用餐折扣”等暖心服务资源，“江湾里”商圈建设供骑手歇歇脚、喝口水、充充电的综合服务载体，在杨浦区内多家高校推进“骑手友好校园”等。

漳州则在福建省内率先出台了《关心关爱网约车司机群体若干措施（试行）》，在网约车平台派单、柔性执法、网约车保险优惠便利、子女教育保障、健康体检、医疗互助、灵活就业人员公积金缴存等方面提出12项具体举措，提升网约车司机群体的获得感和幸福感。

当然，对新就业群体的保障和关怀仍然有很大的进步空间，正如国内首份《新就业形态高质量发展调研报告》所指出的一系列问题：单一机械化劳动占比高，劳动者技能成长受限；分别有54.1%和41.7%的灵活就业者表示，面临收入不稳定、兜底性保障较少等困境；算法驱动框架下，劳动者工作时间长，工作压力大，影响身心健康；劳动者长期“单打独斗”，不免呈现“个人化、原子化”等倾向，集体感、社会融入感减弱。

这些都是亟待解决的问题与挑战，但我们既要看到新就业形态对经济社会发展、高质量充分就业的积极意义，又要看到中国新就业形态者出现至今也就10年，问题和挑战也是全新的，从“制度真空”到“全民覆盖”无法一蹴而就，需要久久为功。未来的制度设计，需要在“保障”和“灵活”之间找到更平衡的路径。

当骑手们有了养老保险真正在大城市扎根下来，当算法不再只是效率工具，而是成为平衡平台、劳动者、社会的调节器，当全社会温和的目光一同投向新就业群体者，从“送快点”变成“师傅你慢慢来”，数字经济的温度悄然显现。

延伸阅读

留足“一顿饭”的时间，美团取消骑手超时罚款

2025年3月12日18时，外卖骑手小郑在北京市朝阳区好世界商业广场地下一层取到奶茶订单后，又来到同层的餐饮店铺提取第二份外卖。半小时后，小郑将首单准时送达，但在配送第二单时遇到电梯使用高峰，导致他在楼下等了近10分钟。这时，系统显示已超时2分钟。

小郑说，这种情况属于轻度超时，在过去需要罚款，如今只需要扣服务积分2分，后面如果表现良好，积分很快就能恢复。

2025年2月起，美团开始在全国多个城市试点取消骑手超时扣款。无数如小郑一样的骑手，正在经历一场从“超时扣款”到“扣分不扣钱”的松绑试验。

超时罚款，曾经是很多新人走上骑手之路的痛点。数据显示，入职30天内的新骑手，超时率是入职1年以上老骑手的近5倍。新骑手更容易因为对配送环境不熟悉、派送订单技能不熟练，导致订单配送超时。此外，天气、路况，甚至是电梯异常等，都有可能导致骑手配送超时。

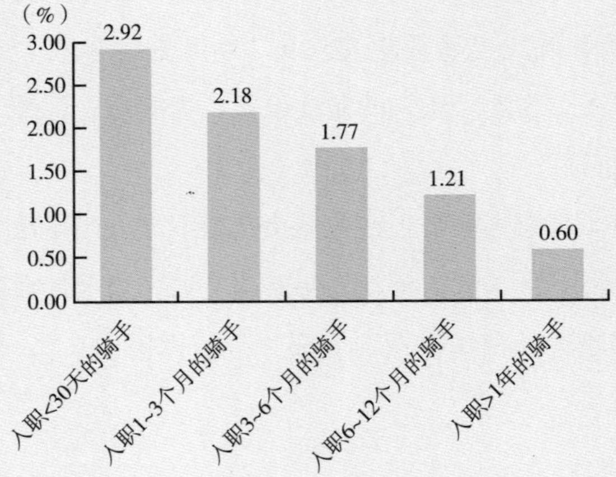

美团在样本地区调研的不同从业时间骑手超时率情况

一名黑龙江的骑手表示，超时扣款对于老手影响不大，但新骑手一般每半月会被罚8~10次，虽然钱数不算多，但罚钱的方式容易让新骑手产生沮丧情绪。

不少人认为，超时罚款对于骑手的伤害不在于实际的收入，而在于“损失厌恶”的心理倾向：诺贝尔经济学奖得主丹尼尔·卡尼曼和阿莫斯·特沃斯基等的研究表明，损失带来的痛苦，至少是同等收益带来的快乐的两倍。

在超时罚款制度下，超时会导致本来可以获得的送餐收入遭受损失，使得骑手觉得特别可惜甚至痛苦，因此他们会努力“抢时间”，甚至不惜违反交通规则。

“以前看到倒计时还剩3分钟，急得直接把电动车骑上人行道。”北京骑手刘伟所说的工作模式，正是外卖行业“速度焦虑”的缩影。

随着新就业群体规模的不断扩张，外卖骑手的生存状况也日益引发社会关注。2025年1月，美团召开专题交流会，邀请了算法顾问委员会的专家学者、媒体等相关方，与骑手一同探讨解决方案。有参会学者认为，超时送达难以完全避免，应当为骑手提供容错空间，如以积分制代替扣款。

虽然改善外卖小哥的工作环境是绝大多数人的愿望，但具体到取消超时罚款上，却存在着复杂的利益博弈。复旦大学数字经济研究中心针对3000名用户的调研显示，68%的受访者支持取消超时罚款，但43%担忧配送时效下降。有不少网友质疑，会不会出现有骑手接了太多订单却迟迟不配送，“上了一天的班，餐却晚到了2个小时”。

事实上，美团在此前多次优化过算法，给骑手尤其是新人更充裕的配送时间，并且，针对配送中的各类异常突发情况，如商家出餐慢、用户取餐慢等问题，均提供了针对性的解决方案。在美团的一次调研中显示，2024年1~10月，美团外卖的总体超时率为0.75%，这比很多人认为的要少很多。

2025年2月，美团外卖正式宣布全面取消针对骑手的配送超时罚款制度。美团在官方声明中强调：“此次改革并非单纯取消罚款，而是基于算法优化、权益保障与激励机制协同的系统性制度重构。”

美团如何用技术手段重构“平台—骑手—顾客”三角关系？核心的措施在于，彻底摒弃了以往单一的扣款机制，转而采用了一个更加人性化、多元化的复合管理体系，即“积分制+容错率+投诉联动”的全新模式。

具体而言，美团引入了“超时单率容错阈值”的概念，比如，在骑手完成1000单配送任务的过程中，允许有3单出现超时情况，并且，如果这些超时订单并未引发客户的投诉，骑手将不会受到任何处罚。

这种灵活的评估机制，既充分考虑了配送过程中可能遇到的各种不可控因素，又有效避免了“一刀切”式的惩罚方式，使管理更加人性化、合理化。

在试点了积分制度后，不少骑手都反馈“很开心”，终于有时间停下来吃一顿饭了。2月中旬才加入美团的广西南宁骑手刘照畅表示：“我现在对地址、对跑单、对商家都还不太熟悉，技能也还不熟练，困难是比较大一点。平台的超时免罚上线后，给了我很多试错的空间。”

近年来，美团在主管部门指导下，与国内头部物业公司合作推出骑手友好社区通行解决方案，为骑手进小区打通最后一环；在人员密集的区域投放外卖柜，帮助骑手提升送餐效率。

自2024年12月公布8项算法改进举措以来，美团已陆续落实“防疲劳机制”“取消骑手超时扣款”等算法改进，美团在关爱骑手、保障其合法权益的道路上不断取得新进展，助力算法向上、向善。

“朝阳”有力量，“夕阳”无限好

在浙江杭州西湖区留下街道，29岁的赵治键敲响了一位91岁失能老人的家门，为老人提供了一次免费的洗浴服务。他调试着充气浴床、准备消毒毛巾，用湿毛巾仔细帮老人擦拭身体，动作轻柔而专业，整个过程有条不紊。这位“90后”东北小伙，大学选择养老服务专业，毕业后从哈尔滨到杭州，成为团队中唯一一名男性助浴员。他说：“助浴不只是洗澡，更是对老人尊严的守护。”

这个场景折射出养老行业正在发生深刻变革：年轻人正以前所未有的姿态重塑传统养老模式，一批与养老相关的新职业涌现出来。2024年人力资源和社会保障部发布的新职业目录中，老年助浴员、社区助老员等新工种首次亮相，与老年人老年能力评估师、健康照护师、老人陪诊员等共同构成养老服务的专业矩阵，托起3亿老人别样的“夕阳红”。

人口老龄化是全球性的难题，中国老龄化社会已经呼啸而至，并呈现数量多、速度快、差异大、任务重的形势和特点。截至2024年末，我国60岁及以上人口突破3亿人，占全国总人口的22.0%，其中65岁及以上人口占全国人口的15.6%。而国家卫生健康委员会最新发布的数据，我国患有慢性病的老年人超过1.9亿人，失能和部分失能老年人约4000万人。

养老产业服务是一个蓝海产业，目前我国养老服务基础比较薄弱，照护服务等供需矛盾较为突出。对此，多地、多平台持续探索运用移动互联网、物联网等技术，创造养老服务的新业态、新模式，催生一批新职业，让传统养老产业乘着数字化的东风加速转型升级。

过去，给失能老人洗澡是一项大难题，而近年来，通过互联网平台下单一位上门助浴师，正成为年轻子女的新型尽孝方式。美团数据显示，早在2021年，“老人助浴”“老人洗澡”等关键词搜索量同比增长8倍，订单量同比增长15倍，并且需求还在激增。2023年前10个月，美团平台上助浴相关服务订单量同比增长了441%，提供助浴相关服务的机构和商户数量同比则增长了936%，呈现供需两旺态势。

在“00后”助浴师武瑞元从业3年时间里，服务过100多位老人，年龄最大的老人有103岁，其中有90%都是失能或半失能老人。“老人需要的不仅是服务，还有陪伴。”武瑞元说，完善老年健康服务体系，是促进健康老龄化，提升社会幸福感的重要一环。

在上海，最受老年人欢迎的还有一群人——老人陪诊师，他们陪老人挂号、看病、拿药，带着老人丝滑穿梭在医院各楼层，一整套流程驾轻就熟。四次陪诊李老伯的金仲凯就是一名陪诊师，患有高血压、糖尿病等慢性病的李老伯每隔一两周就要去次医院，但儿子住在远郊，很难随时响应，金仲凯已经四次充当了李老伯的“临时儿女”角色。

上海独居老人达30万人，对于陪诊服务的需求在暴涨，媒体估算过，比对国内外现状和老年人口比例，沪上陪诊师的缺口达到12万人。为此，2025年2月10日，上海市民政局宣布在浦东、杨浦等9个区启动陪诊服务试点，由养老服务机构内的护理员、老龄专业社工等参与培训后开展服务。金仲凯在杨浦区长馨养老院工作，经过培训，成为杨浦区的首批陪诊师之一，日常工作主要还是在养老机构，接单根本接不过来，而且每小时50元的公益价，基本属于靠爱发电。

除了政府牵头的半公益性陪诊服务之外，市场化的陪诊服务也在蓬勃兴起，在互联网平台搭建“桥梁”后，线上下单、线下服务的模式已然成熟。以美团为例，其通过推动“互联网+养老服务”发展，帮助从事养老产业的企业及实体商户进行平台化展示，美团App上就活跃着不少陪诊服务商家，他们可提供夜间急诊陪同、手术陪同、全天陪诊等服务。

“工作日没法请假陪老人去医院，但也实在不放心腿脚不方便的母亲一个人去看病。”白领唐女士通过美团平台预约了一位“共享护士”陪母亲前往医院就诊，在详细确认了老人的病历、就诊记录及大概需要的检查项目后，平台为她分配了陪诊员汪洋，费用是半天（4小时）298元。“对于老人而言，三甲医院就像‘迷宫’一样。”唐女士说，有了陪诊人员全程辅助，就医效率显著提高，以前需要花大半天的看病流程被缩短到3小时左右。

老年人的养老服务需求不仅是生病有人陪、洗澡有人助，他们还有生存以外的其他需求，比如宠物陪伴。但一些腿脚不便的老人却陷入两难，既想要“毛孩子”的陪伴，又无法经常出门遛“毛孩子”，或者没有精力和技能去驯服宠物犬。

不过，中国宠物相关的完整产业链已经逐渐形成，其中宠物服务发展最快，其细分赛道众多，也孕育了大量的宠物相关新职业。美团研究院此前发布的新职业人群报告显示，宠物行业衍生出的新兴职业包括遛狗员、宠物训导员、宠物摄影师等，他们的出现为老人们轻松养宠提供了新解决方案。

“赶时髦”的老年人，已经学会在美团等平台上搜索“宠物训练员”，即可一键下单训犬到家私教或者将宠物狗送到训练营里“军训”。钟浩是一名地道的沈阳小伙，作为“00后”的他“不走寻常路”，大学毕业后与好哥们一起创业成立了狗狗学校，他也成为一名训犬师。面对性格、习惯千差万别的宠物犬，他一般以一个月为一个周期，制定个性化的训犬方案，规范宠物犬大小便行为，矫正护食、咬人等行为。王奶奶发现，自家的“毛孩子”从训练营毕业回家后，不仅学会了听基本的指令，比如坐下、握手、待命，性格也变得温顺了些，不再乱吠和暴躁。

在训犬的同时，宠物训练师们也是自媒体小能手，他们会运营抖音、快手、小红书等账号，很多人看到视频后会将宠物犬送过去训练。不过，宠物训练师的目的不仅是生意，更希望通过视频和专业技能提高大家的养宠意识，让“毛孩子”成为人类的好朋友。

年轻人躬身入局成为助浴师、陪诊师、宠物训练师，成为中国“居家养老”的重要支撑力量。养老服务行业精细化、专业化、智能化等新的要求，让从业者从“劳动密集型”向“知识密集型”转型。这些新职业从业者，成为“互联网+养老服务”的弄潮儿，对他们来说，自己不是传统的“保姆”式照料的护工，而是更智能化、专业化的职业者。

社会老龄化的加剧，让他们看到了“养老行业，大有可为”，但整个行业仍然有不少挑战，如社会偏见。某养老机构调查显示，72%的年轻人从业者遭遇过“职业偏见”，有人被误认为“伺候人的工作”。又如职业瓶颈，虽然从2020年本科新专业正式招生到现在，养老相关专业“就业率100%”“岗位供大于求”等字眼的“喜报”漫天飞舞，但仍然处于市场化初期阶段，薪资水平与付出不匹配，人员流失率较高。

为了扭转“一高三低”的标签——年龄偏高以及学历低、素质低、待遇低，多地政府通过职业资格认证、人才补贴等政策，为从事养老服务业的年轻人开辟了职业晋升通道，提升养老服务业的“含金量”，也为养老服务业从业者“正名”，带动整个社会对养老行业高看一眼。

上海是全国老龄化程度最深的城市之一，培养和壮大养老服务人才队伍的探索已经走在了前面。上海专门出台了《上海市推进养老护理员队伍建设行动方案（2024—2027年）》《关于进一步加强上海市重点产业领域技能人才培养试点工作的通知》《上海市养老护理员激励补贴实施办法》等政策，给养老服务业从业者真金白银的支持。在上海发布的急需紧缺高技能人才职业（工种）目录，养老护理员位列其中，可享受上海市人才引进等政策支持。出生于1996年的上海市杨浦区社会福利院护理员王程，就成为首个成功落户上海的养老护理员。他的成功落户，成为上海引入养老护理人才的决心象征。

浙江也在用“真金白银”支持养老领域人才，浙江省民政厅等10部门印发的《关于加强养老领域人才队伍建设的实施意见》明确，支持引导更多学校开设老龄和养老服务相关专业，扩大招生规模。毕业5年以内的高校毕业生到养老服务企业就业，可在劳动合同期限内申领每年1万元的就业岗位补贴，补贴期限不超过3年；在校大学生和毕业5年以内高校毕业生初次创办养老服务企业，可申领最高10万元的创业补贴。

国家也在加快部署高校的养老相关专业，为老龄化社会的到来储备源源不断的人才。2025年3月，教育部、国家卫生健康委联合印发了《关于加强高等职业教育医养照护与管理专业建设工作的通知》，通知要求，北京、河北、黑龙江、江苏、浙江、江西、山东、广东、广西、四川10个省份为医养照护与管理专业建设重点省份，到2027年底，原则上每个重点省份要累计新增不少于3个医养照护与管理专业布点，带动全国医养照护与管理专业建设水平整体提高。

政策的倾斜，让养老从业者成为就业市场上的“香饽饽”。2020年，上海工程技术大学是全国首个独立设置养老服务管理本科专业的学校，按照“订单式”培养理念，实现学生从大一至大四“由进到出”的全周期产学研实践教育。2024年的毕业季，这个专业首届30多名毕业生就被30余家养老服务机构“疯抢”，带来的岗位不再是传统的“护理员”“照料员”，而是更具含金量的副院长、院长助理、储备干部、个人养老顾问、养老秘书、健康秘书、医保秘书等。

随着社会意识的转变，职业回报与职业声望水涨船高，对从业者来说未来更有盼头了。从事养老服务新职业的年轻人，不仅看重薪酬回报，还看中这份职业的松弛感。在当下竞争激烈的就业市场，年轻人倾向于找一个“没有班味”又不过分内卷的工作，而养老服务业恰恰满足了这个要求。还有眼下白领圈出现的“AI替人”的焦虑，对于养老服务业来说也不存在。

让老年人安享晚年，是“家事”、是“国事”，也是“企事”。政府、企业、个人都是当中不可或缺的一环，政府从顶层设计出发，引导养老行业布局，提前储备养老服务人才；企业找到自身业务与养老的结合点，如美团推动“互联网+养老服务”，培育老年人生活服务新业态，进一步扩大养老服务新供给；在满足养老服务新需求的同时，也带来就业市场重要增量，让个体可以有更多元的职业选择。产业带动就业、就业促进产业，养老服务生态的良性循环正在逐步形成。

当“90后”花式服务起白发苍苍的“90后”，当老年人有陌生的“临时儿女”陪同看病，“老”与“少”之间搭建了无形的桥梁，老人喜欢跟年轻人在一起，觉得自己变年轻了，年轻人则在老人身上汲取人生智慧和松弛感，代际隔阂在不经意间消融。那一刻，“老去”是年轻人与老年人共同面对的议题，而面对老去的勇气与智慧也在慢慢生长。

延伸阅读

第一批“00后”住进了养老院：月租300元，舍友大我50岁

“朋友们都说，我在过一种很新的‘养老生活’。”2001年出生的蓝伊婷，是首批住进浙江缙云养老院的年轻人之一。跟她一起的，还有十多名跟她一样的年轻人，以及一批真正的老年人，年纪最大的102岁，最年轻的也有72岁。

这是一种很新的“代际融合”养老模式，年轻人通过累积养老服务时长，兑换在养老院的住宿资格、抵扣房租。如1个月服务时间满10个小时，当月房租可以减至300元。

没想到，这种模式推出后大受年轻人的欢迎，“2月推出的时候，短短几天就有七八个年轻人来报名”。缙云养老院的胡杨方接受媒体采访时说，养老院特意准备了2层楼，共38个房间，专门留给年轻人。对于住养老院的年轻人要求有固定工作、有爱心和责任心，没有不良嗜好。

暮气沉沉的养老院缺的从来不是房间，而是充满活力的年轻人。年轻人的到来给养老院注入了新的活力，老人渴望看到年轻人，也渴望与年轻人互动，这会让他们觉得自己没有与世界脱轨。蓝伊婷在

养老院做志愿服务时，会教老人用智能手机、发朋友圈，并意外发现老人们很爱学。虽然大多数老人无法一次学会，需要一遍又一遍地教。

巍千千入住的是苏州吴江区的一家养老院，她发现养老院是一个巨大的探索空间。她会去写真室里帮爷爷奶奶打扮一下，拉他们一起参加“多巴胺”服装大赛，在舞蹈房里教老人们学跳交谊舞。虽然规定服务时间是每个月10个小时，但她经常超出时长。

巍千千在舞蹈房里教老人们学跳交谊舞

跨越50岁的两代人生活在一起，碰撞出了不少“火花”，也在潜移默化改变着年轻人。蓝伊婷最先感受到的，是饮食上的变化，“以前我点外卖经常是重油重辣的，但这里的饭菜低油低盐，感觉自己饮食都变健康了”。

更重要的是，养老院是“00后”心里的乌托邦，这里关系简单，没有内耗，也不内卷。养老院像是一个缓冲地带，让年轻人可以从快节奏的工作生活中短暂抽离，进入一个慢节奏的生活空间。

“00后”也在养老院里窥见了“老去”的全貌，打破了老年生活闲暇舒适的臆想，开始接受人会老去的客观事实，老去就是一个逐渐丧失能力并逐渐直面死亡的过程。“00后”从羡慕老人，到理解老人，到接受老去，完成了某种意义的生命教育。

对于养老院来说，探索“代际融合”养老模式还有一层用意，靠“跨代共居”为养老院吸引更多的年轻人来，从中选拔好苗子，成为正式员工。陈志威是“跨代共居”项目最早招募的年轻人之一，他喜欢养老院的工作环境，一个月后，主动应聘了“后勤专员”的职位，顺利成为养老院的正式员工。他现在负责养老院的日常采购、消防，帮院长开车接送访客，还在学维修。在他看来，管理规范的缙云县养老院提供了一份能交“五险一金”的好工作。

养老问题的真正解法，从不在养老院内，而在年轻人的思维里。走进养老院的“00后”，迈出了第一步。

年度热词

无人机飞手：指操作无人机进行各种任务的专业人员。随着低空经济的发展，无人机在物流配送、生鲜运输、医疗配送、农林植保、电力巡检、地质测绘、航拍等领域应用广泛，对无人机飞手的需求与日俱增。

新就业三宝：过去10年，网约车驾驶员、外卖骑手、快递员被称为中国互联网浪潮下的“就业三宝”，而随着技术风口的出现，无人机飞手、AI训练师、网络主播不断扩大就业“蓄水池”，为更多年轻人提供了多元化的就业选择，被媒体称为“新就业三宝”。

骑手社保：指为骑手这一职业群体提供的社会保障制度，旨在保障骑手在工作过程中的基本权益，使其在面临养老、医疗、失业、工伤等情况时能得到相应的经济保障和社会支持。2025年，美团、饿了么、京东等平台纷纷宣布，将逐步完善骑手的社会保障，如美团在为骑手购买“职伤险”的基础上，试点骑手补贴养老保险，让骑手未来“老有所依”。

老人陪诊师：随着老龄化社会需求而兴起的新兴职业，主要指为高龄、独居、病弱或行动不便的老年人提供就医陪伴服务的专业人员。其服务涵盖从诊前准备到诊后跟进的全流程，填补了子女无法全程陪伴就医的缺口，老人陪诊师也被媒体戏称为“临时儿女”。

“代际融合”养老：一种突破传统代际隔离的新型养老模式，其核心在于通过构建不同年龄群体（尤其是老年人与年轻人）的互动机制，实现代际间资源互补、情感联结与社会功能融合。如“00后”住进养老院，通过累积养老服务时长兑换在养老院的住宿资格、抵扣房租，在此过程中，年轻人为老人减少了孤独感，并带来新观念、新技术，延缓了老人的认知衰退。

社会治理篇

智慧城市因“数”而治，回归的人情味和烟火气

什么是理想社会？

“土地平旷，屋舍俨然，有良田美池桑竹之属。阡陌交通，鸡犬相闻。其中往来种作，男女衣着，悉如外人。黄发垂髫，并怡然自乐。见渔人，乃大惊，问所从来。具答之。便要还家，设酒杀鸡作食。村中闻有此人，咸来问讯。”

寥寥百字，一个安居乐业的幸福社区跃然纸上。优美的环境、悠然的生活尚在其次，最打动人的，莫过于邻里之间的那份温馨和睦。

古人想象的“桃花源”，距离此刻的我们还有多远？

弹指一挥间，中国城镇化率已经从1980年的19%跃升到2023年的66%，这是人类历史上规模最大的“进城”。几亿人从乡村来到城镇，从村屋住进楼房，沐浴在现代化的阳光下，普通人的生活便利程度甚至远超100年前的权贵。

同时，传统社区邻里之间血缘、亲缘、业缘、地缘关系格局瓦解，“熟人社会”也渐渐变成了“生人社会”。

但物理的围墙并非无可逾越。10年前，“智慧城市”首次写入政府工作报告；如今，数字技术开始重塑社会治理的底层逻辑，熟悉的“烟火气”“人情味”“乡里乡亲”又回来了。

在社会治理篇，我们想要分享身边的三个新动向：

新就业群体丝滑融入社会方格，突破了原有的“社交距离”，旧有的隔阂加速消融，一个个小改变叠加起来，“小角色”成了社会治理最新鲜的“血液”，悄悄重塑当代邻里关系。

网络空间是亿万民众共同的精神家园。在互联网平台、社会组织、网民的多元主体协同治理下，守护美好家园的力量变得更雄厚、更壮大了。

逐渐老去的城市和社区，正在注入新的活力。数字技术赋能城市更新，一批批鲜活的案例涌现出来。往前一步，享受便利生活。回眸一望，留住美好记忆。

钢筋水泥是冰冷的，但人与人之间的交往活动，让城市有了温度。公式算法本来也是冰冷的，如果它的运行让人与人之间更融洽，技术也就有了温度。处处以人为中心，我们的城市正在续写“让生活更美好”的篇章。

新就业群体“丝滑”融入，熨平社区治理“最后一百米”

（1）小哥码，让小区不再难进

2024年以前，要说社区治理最突出的矛盾，最有共鸣的大概是：骑手与保安之间的矛盾。

有人说，世界上最远的距离，是你的外卖小哥已经到小区，却在门口被拦住，而业主又死活不愿意下楼。

媒体称之为数字社会“最后一百米”的典型。这一百米，浓缩了社区治理精细化水平、人与人之间的包容度、技术人性化等诸多文明的维度。

2024年，这“最后一百米”正在悄悄被熨平。

“最近我点的外卖，怎么经常提前送达？”家住杭州的陈女士突然意识到了这个“小确幸”。熟悉的骑手小哥告诉她，这是因为他们现在进小区有“小哥码”帮忙。

陈女士所在的小区曾以管理严格著称，要求外卖骑手必须先登记，再步行进小区配送。这么一来，超时是常有的事。而现在，骑手只要扫一扫小区门口的“小哥码”，自动生成电子通行证，即可进小区送单，以至于夏天点冷饮，拿到手时经常连冰都没化。

为外卖骑手“开门”这件事看似简单，背后却牵涉诸多利益主体，折射的是基层治理的常态：对骑手来说，准时送达最优先，往往忽略其他人；对物业来说，小区管理多一事不如少一事，给骑手便利，意味着要么放低安保要求，要么提升自己的工作强度，再加上业主的众口难调，结果往往就一禁了之，于是，所有矛盾最终堵在了大门口。

以往，政府、平台、物业没少费心思，但总是缺少一个破局点。

2024年7月，杭州市委社会工作部联合杭州市市场监管局正式推出“小哥码”，试点挂牌“小哥友好小区”。据报道，“小哥码”依托浙江省政府提供的实名注册政务服务平台“浙里办”上线应用场景，打通美团、饿了么等七大平台数据，根据小哥实名注册信息和实时订单信息为每个骑手实时生成“电子通行证”，实现扫码免登记进门。

骑手正在扫码免登记进小区

外卖小哥扫码进门，小区门卫手机端同步获得小哥的照片、姓名、电话、服务站点（团队）、监督电话等信息，确保了安全这一道关。如果骑手出现不文明现象，如在小区超速行驶等，物业可在系统上一键投诉，交由平台进行处理。

一个小哥码，兼顾了效率与秩序。杭州正在外卖骑手、外卖平台、小区物业、市场监管部门之间构建起一个多元共建共治共享的“共同体”。

2024年初，美团首批“骑手友好社区”在北京落地后，已在全国迅速开花。2024年底，全力建设“小哥友好城市”正式写进了杭州市委十三届八次全会报告中。到2025年3月，“小哥码”已经在杭州全市1320个需登记进门的小区挂码使用，惠及骑手3.3万余名。

外卖骑手、快递配送员、网约车司机，他们每日穿梭在大街小巷，已经成为服务经济社会、保障民生福祉的重要力量。全国总工会第九次全国职工队伍状况调查结果显示，这“三大新就业群体”总人数超过2400万人，相当于上海市的常住人口。如此庞大的群体，他们需要的不仅是一个能“进门”的便利，而是全面融入现代生活，共同致力社会进步。

（2）“爱新”每时每刻，关爱也有导航

对一座城市而言，能否为新就业群体提供更加完善、系统的社会保障与公共服务，是衡量社会基层治理水平的一项重要指标。

国内首份《新就业形态高质量发展调研报告》披露，新就业形态中，劳动者长期“单打独斗”，不免呈现“个人化、原子化”等倾向，集体感、社会融入感减弱。在这种“原子化”的劳动模式之下，没有固定的工作场所，缺乏同事互动和组织归属感，不仅使个人身心疲惫，更容易滋生社会问题。

比如，新就业群体基本上总是在和时间赛跑，奔波在路上，吃饭、上厕所都是大问题。20年前，来广州开出租车的老乡只能靠自助，靠口耳相传找到便宜实惠的档口用餐，手绘广州公共厕所分布图。今天，平台联合爱心商户让他们很容易就能实现生活工作两不误。

2024年6月，全国总工会宣布联合饿了么正式启动工会“爱新餐”专项，计划为全国超过150万名外卖配送员、货车司机、网约车司机、快递员等新就业形态劳动者提供优惠优质餐食。线上领取专属餐券，即可享受优惠优质的餐饮福利。

2024年冬季，美团联合全国超过20万名“骑手友好商家”为骑手发放超过5000万元的冬季“饭补”，骑手可在App上领取补贴，直接到相应餐饮门店自取消费，补贴后单份正餐价格为6~10元，约为正常价格的一半。选购蜜雪冰城、茶百道等多个品牌的奶茶，叠加补贴后价格可低于5元，最低1元就能喝上一杯。

2024年冬季美团发放超5000万元骑手暖心餐补贴

小朱是一名北京外卖骑手。每天中午2点后，是他的午餐时间。他打开手机，用当天的骑手餐专享红包，找到附近的一家店，24只饺子只需要8元，比正常下单便宜了6元多。

不光解决“吃饭难”，还要搞定“落脚难”。杭州的“小哥码”上线了申请平价公寓的功能——“安新公寓”，里面整合了杭州大量蓝领公寓信息，小哥们可以一键申请。2024年底，杭州面向外卖骑手等新就业群体打造了一批蓝领公寓——“骑手之家”，最低5元/天，已有1000多名骑手入住。

39岁的杨杰，2018年起一直在杭州下沙送外卖。他看到站长在工作群里通知“小哥友好医院”有免费体检，赶紧报名参加。在杭州市第一人民医院下沙院区，除了新就业群体专属挂号窗口、绿色就医通道外，还专门设置了“躺睡”休息区、专属停车区，一系列贴心举措让他们感受到细致关爱。

随着越来越多社会服务场景对新就业群体敞开怀抱，由点连成线，再由线连成片，从友好小区、友好社区再到友好城区，一幅和谐温馨的图景正在徐徐展开。

2024年底，北京朝阳区大屯街道的“新就业群体友好社区便民服务地图”正式上线。这份地图详细列出了附近的新巢驿站、新巢驿角、专属停车区、充电点位、公共厕所等关键服务信息。为了方便骑手随时查找和使用，地图同步上线到了高德小程序。骑手只需在各个小区出入口找到并扫描二维码，即可轻松查看地图，并通过一键导航功能快速找到所需的服务点，享受便捷的服务。

2025年全国两会期间，新就业群体权益保障话题持续引发热议。2025年的《政府工作报告》中也明确提出，要“加强灵活就业和新就业形态劳动者权益保障，推进扩大职业伤害保障试点”。借助数字技术手段，国内一些城市正在积极开展探索。

如厦门正在打造的“新就业形态劳动者权益保障服务信息系统”，是全国首个专门针对新就业形态劳动者权益保障的“一站式”信息化服务平台。据厦门市人社局总会计师吴目国介绍：“这个平台将把厦门全市新就业形态劳动者都纳入到一个系统里，可实现权益保障、公共服务、监测预警和决策分析支持的一体化管理，服务保障工作全部在‘一张网’上运行，有效提升新就业形态劳动者权益保障工作的效率和质量。”

考虑到新就业群体缺少大段集中的时间，厦门专门打造了“线上版”的维权平台——厦门市新就业形态数字云调解服务平台，劳动者、企业、调解员三方可以通过实时视频，在线互动、在线调解。

（3）基层治理有了一支“新”力量

在感受温暖、享受服务的同时，新就业群体正在成为基层治理的重要补充力量。

中央社会工作部曾披露过一组数据：2024年，269万名新就业群体到街道社区报到，为基层治理增添“新”力量。他们平日里走街串巷、人熟地熟，如同一个个“移动探头”，借助网络平台串联起来，原地转化成“监督大军”。不仅能够及时发现并上报异常情况和安全隐患，甚至把危险消灭在萌芽中。

“如果你的快件（外卖）超时了，先别投诉，可能是你的小哥正在救人。”2月12日上午，嘉兴市南湖区的申通快递小哥翁燕华正在门卫室收件，突然听到呼救声。他二话不说开着三轮车奔赴现场，拿起灭火器冲进楼道，屏住呼吸在滚滚浓烟里找到厨房的起火点，成功灭了火。

当消防救援人员赶到时，“灰头土脸”的他边走边打招呼：“放心吧，火灭了，手头还好几个件快超时了，我先走了，后面就交给你们了。”他们当时还不知道，这已经是半个月里翁燕华第二次见义勇为救火。

北京昌平天北街道的志愿服务队群里，已经有200多名骑手。他们看到哪栋楼的灯不亮了、电动车进楼了、单车乱停放，“随手拍”在微信群或者小程序里上报，督促社区解决。

2024年，一则“外卖小哥推荐干净饭店”的挑战在网络上悄然走红，揭开了大众对食品安全的焦虑。在网友大呼“月薪几万元才能吃到靠谱干净的外卖”的同时，许多外卖小哥主动在网上分享“最不能点的外卖”，帮助消费者“避雷”黑心外卖，收获了不少好评。

长期在一线与多个商家接触，了解外卖行业，都让骑手小哥们在食品安全监管方面拥有一定优势。一些城市的监管部门行动起来，携手外卖骑手共同守护一日三餐，探索构建网络餐饮食品安全社会共治新格局。

自2024年9月起，辽宁沈阳在全市范围内开展外卖骑手“随手拍”系列活动，利用“互联网+智慧监管”，邀请外卖骑手担任“食品安全卫士”。沈阳市市场监管局聘请第三方，依托“盛京食安”小程序开发食品安全“随手拍”上传端口，数据接入智慧监管平台。小程序设定位功能，外卖骑手依据定位上传商家问题后，后台自动匹配属地监管人员整治，整改结果反馈骑手，从而形成管理闭环。

此外，监管平台与餐饮平台共享数据，“随手拍”积分激励骑手，投诉量大的餐饮店则获得警示。活动开展以来，超过2000名外卖骑手注册，共收到外卖骑手上传的风险隐患问题176个，经核实查处违法违规问题124个。

杭州的“小哥码”里，在“事件报告”选项中新增了一项“食安隐患”模块。只需要拍照上传图片，简单描述并注明店铺位置，即可完成上报。

2024年底，青岛市市场监管局正式向部分外卖骑手代表颁发“食安哨兵”聘书，组建一支由200名外卖骑手组成的“食安哨兵”监督员队伍，鼓励他们随手拍照上报问题外卖商家线索。6年美团外卖骑手李鸿鹏表示，当上“食安哨兵”后，自己多了一份责任，可以更直接守护市民“舌尖上的安全”。

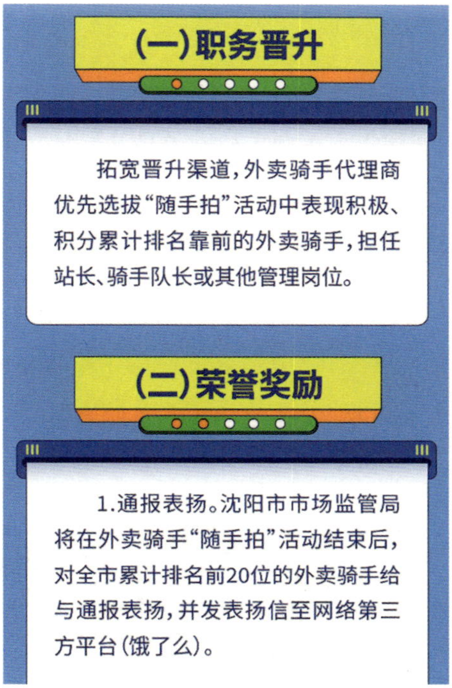

沈阳外卖骑手“随手拍”系列活动
关于奖励的条款

社会学家费孝通在其经典著作《乡土中国》中提到：“中国的乡村是一个‘熟人’的社会，没有陌生人的社会”，乡亲的交往，全凭相熟度、关系度。但最近几十年，狂飙突进的城镇化，一夜崛起的大城市，拆散了鸡犬相闻的“熟人社会”，把我们推向了原子化的“陌生人社会”。

数字经济的活跃发展，给了我们重塑社会关系的机会。奔波在城市中的小哥们、师傅们，这群曾经“最熟悉的陌生人”，正在成为文明社区建设中不可或缺的一股力量，成为“最贴心的身边人”。

延伸阅读

从“亚洲最大社区”到“小哥友好社区”

常年居住超过60万人口，坐落着将近1000栋楼，光是地铁站就有3个——位于北京五环外的天通苑社区，人口总数超过冰岛，被称为“亚洲最大社区”。

这个最大社区，也是个超过25年的老社区，楼号和路牌早已随着岁月流逝变得老旧甚至缺失。生活在这里的居民自己都迷路，对新来的外卖小哥来说更是堪比“迷宫”。

2024年1月27日，天通苑社区成为全国首批“骑手友好社区”。自那以后，越来越多的外卖小哥发现，“迷宫”悄悄变了。

美团骑手赵大哥注意到，小区里更换了新的指引路牌和发光楼号，即便配送的时候顾不上看手机导航，也能快速准确地找到配送地点。在美团骑手App里，小区地图也更新了，他们可以在上面查询小区出入口和楼号，找路找楼，都一目了然。

天通苑社区内的骑手友好线路图

美团配送天通苑站的站长尤光宇说，升级“骑手友好社区”之后，最大的变化是送餐省时省力多了，“高峰期送单平均每单节省15分钟”。

天通苑“骑手友好社区”的美好蜕变，是美团、辖区社区、物业公司三方共建的成果。不仅如此，通过前期与社会各界的共同探索，美团探索出了三种共建路径：

路径一，在具备成熟数字化管理能力的大型物业在管小区，美团和物企在现有的出入管理系统基础上，新增美团骑手快捷登记入口，帮助骑手一键完成身份验证，便捷出入小区。

路径二，在数字化基础较好的城市，如北京、上海、杭州等地，属地主管部门与美团合作开发试点望京“速通码”、杭州“小哥码”等产品，骑手扫描小区入口的二维码，可进入小程序快速验证身份并亮码通行。

路径三，为加快覆盖不同类型小区，美团计划提供通用性更强的技术方案，骑手使用配送App生成专属进门码，可与小区的智能门禁或保安手持设备交互，也可为部分没有线上登记系统的小区提供进门凭证。

三种共建方式适应线下复杂的小区场景，大大加速了通行解决方案在全国范围的推广，加快解决骑手“进门难”。

除了确保配送流程顺畅无阻，保障骑手的劳动权益同样是建设“骑手友好社区”的重要内容。

在天通苑北街道白坊“家圆驿站”，休息用的桌椅、充电线、雨具、冰箱、微波炉、应急药品、维修工具等常用物品一应俱全。这样的“小哥驿站”在附近有十几个，专门选在小哥工作路线上，让他们累了能歇脚、渴了能喝水、饭凉能加热、闲时能充电。

尤站长说，天通苑地区人口多，订单需求量大，如果没有驿站，200多名小哥只能在寒风中奔波。

截至2025年1月，美团已在全国150多个城市共建1.6万余个“骑手友好社区”，通过为骑手开门指路，相关小区外卖交付环节异常情况减少超过20%。越来越多24小时开放的“骑手驿站”，为这群总是在奔跑的人留着一盏灯。

平台治理进入“深水区”，守护清朗网络空间

（1）整治网络黑灰产，维护市场公平竞争环境

在“互联网+”时代，网络既为满足人民群众对美好生活的向往提供了有力支撑，也可能会滋生各类不良行为乃至违法犯罪行为。正因如此，网络空间治理，已经成为社会治理的关键一环。

比如，在生成式人工智能技术的加持下，过去机械式工作的“机器人水军”正在升级为“高智商AI水军”。以“深度伪造”为代表的AI生成技术迅速普及，不仅让普通人创作和娱乐的成本越来越低，也在成为滋生罪恶的土壤、某些黑灰产业链的“帮凶”。

随着“种草经济”“点评经济”的日益兴盛，与网络评价紧密相关的产业链越发庞大。消费者在网购或者点外卖时，经常会看看商户的评分排名、其他人的使用评价，作为参考进行选择。看到几条差评，心中立马会“警铃大作”，可能放弃购买。商家对评价系统的重视，也被一些别有用心的人盯上了。

随之而来的是，“羊毛党”“职业差评师”层出不穷，虚假好评与恶意差评交织，真实的产品信息变得难以捉摸，损害的不只是消费者和商家的合法权益，更破坏了市场的公平竞争环境，也对平台治理提出了更高要求。

南京市玄武区人民法院发布过这样一个案例：小林在某外卖平台经营一家三明治店，原本生意一直挺红火。然而，却在短短3天时间里多了三十几条差评，严重影响店铺的生意，小林只得报警求助。公安机关介入调查后发现，竟然是小林店铺的前合伙人孙某，以每个差评80元的报酬安排

多人故意给小林的店铺刷差评，只因他退出合伙后也在附近开了一家三明治店。

像这样的行为，已经成为美团等平台打击的重点。2024年12月，美团外卖就启动了“恶意差评治理专项行动”。截至目前，商户遭遇“恶意差评”的处置流程缩短了12小时，商家紧急诉求“不过夜”，系统通过升级技术模型后月均拦截“恶意差评”能力提升近两成。

一边要避免商家遭受不合理差评的影响，另一边又要尊重用户的合理评价权益，如何更好地取得平衡？

美团创造性地引入了公众评审机制——小美陪审团。无论你是用户、商家还是“吃瓜群众”，都可以报名作为评审员。每当用户和商家之间出现争议差评，且双方难以主动达成和解时，就轮到小美陪审团出场充当“赛博判官”，依据双方提供的资料，对争议差评进行投票判定，力求更加公允，让双方都心服口服。

同时，在打击虚假信息、“网络水军”、违规经营等方面，美团、淘宝、抖音、小红书等互联网平台也都纷纷行动起来，联合有关部门加大打击力度，守护清朗网络空间。

小红书自2024年11月起开展了“史上最严”的黑灰产账号治理行动，处置违规账号超过320万个。“虚假营销”是整治重点之一，如商家伪装成UGC（用户生成内容）分享，或者使用盗图铺量发笔记，还会在评论区铺设水军刷好评制造“高评高赞热帖”，误导用户和吸引流量。治理行动覆盖了美妆个护、食品、3C数码、生活服务等15个行业。

抖音平台在2024年清理了160万个水军账号，日均拦截水军评论超250万条。一方面利用大数据、人工智能等技术手段，精准识别作弊行为，大幅降低平台水军账号数量。另一方面制定了更严格的规则，对违规账号进行评论仅可自见、禁止评论、限流、封禁等操作，持续优化平台生态。

此外，抖音平台还配合公安机关合力调查并打击重大水军团伙，2024年共配合警方调查打击水军案件13起，涉及团伙超30个、嫌疑人140名，并起获多个水军作弊软件。

在关系到人民切身利益的食品安全问题上，美团更是不遗余力，配合警方打击代开店黑灰产，剑指“幽灵外卖”“影子店铺”等食品安全领域的威胁。2023~2024年成功破获案件24起，100余名犯罪嫌疑人被捕。此后，平台继续优化机制，升级技术手段，研发入网经营商家电子档案系统，采取入网审查、在线监测以及重点专项治理一系列举措，严格审核商家资质，及时处置并下线违规商家。

美团对入驻商家的资质证照的审核有多严格？在商家上传营业执照、食品经营许可证或符合属地要求的登记备案凭证等照片后，先是由OCR图片识别系统对照片关键信息自动识别和记录，再进入入网经营商家电子档案系统对资质证照进行校验，最后由品控团队依据《入网餐饮服务提供者审查登记规范》对证照合规性进行人工核验，可以说是层层把关。

平台不仅要保护消费者，也同时守护提供商品和服务的商家。如近年来电商平台上兴起的“羊毛党”，原本为了保障消费者权益的“仅退款”“运费补贴”，却成了他们眼中的“财富密码”。买了衣服穿过几次还拿去退，收到水果却说坏了索要全额赔款……小商家遇上几十个这样的订单，基本等同于一星期白干。

2024年，淘宝天猫就率先松绑“仅退款”政策，通过算法识别和人工审核相结合的方式，对不合理的仅退款申请进行拦截，有效遏制了羊毛党的恶意行为。数据显示，新策略上线2个月后，淘宝日均拦截不合理“仅退款”超40万笔，不合理“仅退款”现象在淘宝平台得到了全方位整治。2025年，平台将继续升级“仅退款”识别模型，提高异常行为拦截的准确性和效率，同时，为全体商家提供快捷申诉通道，商家申诉通过后，平台将赔付损失给商家。

种种努力，都有助于营造一个清朗的网络空间。面对不断涌现出的新技术、新形态，多方主体正在加快参与进来，形成常态化的监管机制。政府机构部门及时出台政策法规，机构企业推动人工智能鉴伪技术突破和应用落地，用户主动规范自身行为，搭建起人工智能时代的“网络安全防火墙”，共同建设更好的网络生态环境。

（2）向低俗流量“亮剑”，坚守网络公序良俗

每个平台都有自身的流量分发机制，为了博取流量，一些账号往往出现泛娱乐化倾向甚至低俗炒作现象，这些情况亟待治理。近两年，网信执法部门就针对流量至上和“饭圈”乱象等问题，加大网络执法力度，努力营造积极向上的网络环境。

对此，平台治理也及时跟进，向低俗流量“亮剑”，坚守网络公序良俗。如抖音就发布了系列打击低俗、色情内容的公告，重点打击通过发布低俗色情内容博取关注，再借此进行不当营销获利或引流站外实施诈骗等违法违规行为，采取无期限封禁账号等严厉措施。

微信视频号也宣布，将采取措施打击直播间“坑老”违规引流行为，针对一些直播间专门诱导老年人购买假古董、非处方药和保健品等商品的现象，开展专门行动。

在社交媒体上，还有一类突出的现象——通过“擦边骑手服”，恶意博取流量。视频往往身穿黄色、蓝色等与外卖平台相似的“马甲”，进行“擦边”引流，损害骑手的公众形象。

如2024年就有多个社交平台上“外卖骑手身着不文明用语字样的工服送单”的图片、视频被广泛传播，引发社会关注。这些“擦边”骑手工服，均为电商平台不法商家私下定制的服装，并非美团骑手App商城中所售正规骑手服装，也不符合美团对于骑手的相关着装要求。

对此，美团也果断“亮剑”，将多个侵权店铺的销售证据进行公证，并报送给公安机关，通过法律措施保护自身权益。

对类似的营销造假、“擦边骑手服”等现象，美团一直坚持“零容忍”，主动报送线索，联动公安机关从严打击。2019年起，就陆续有私自印制“美团”商标的假冒伪劣商品案件被警方侦破，根据涉案金额，多个犯罪嫌疑人被属地检察机关提起公诉，判处有期徒刑几个月到一年多不等。

2024年，警方在广东、四川、河南等多地开展行动，成功捣毁四个制售假冒伪劣骑手装备的窝点，并抓获犯罪嫌疑人6名，现场查扣假冒品牌头盔近万顶、侵权假冒标识近4万套，涉案金额高达500万元。

营造清朗网络空间，需要包括平台在内的各方主体持续行动、久久为功，主动对不良现象说“不”，才能真正取得实效。

延伸阅读

2.68亿条真实评价背后的“四道防线”

“我们是新开的店，亲亲帮忙写个好评，免费送一份小吃好不好？”

外出就餐的时候，很多人都遇到过上面这种看似无害的“请求”。另外，有一些评分很高、好评不少的商家，实际体验感却不尽如人意。原因很简单：好评是“刷”出来的。长此以往，不仅寒了消费者的心，也影响了公平竞争的市场环境。

谁来捍卫透明和真实？2025年2月18日，大众点评发布《2024评价透明度报告》(以下简称《报告》)，首次披露了平台的评价审核机制，以及如何针对虚假评价持续投入资源治理，即利用“AI+人工”合力提升用户体验。

《报告》显示，为了守护评价体系的“真实性”，大众点评设置了“四道防线”。

第一道防线：黑产安全防护网。运用AI技术，把黑产等非真人类账号行为第一时间“揪出来”。

第二道防线：机审环节。由数百种风控模型组成，光是在2024年，就有近60%违规评价在该环节被拦截。

第三道防线：人工研判。结合多方信息还原写评具体场景。审核员承担起机器无法完成的工作，考量评价合理性。

第四道防线：申诉渠道。对争议评价进行补充审核。不冤枉“真实评价”，也不放过“虚假评价”。

为此，大众点评专门设置了“大众评审”机制，让百万用户充当评审团成员线上“断案”。2024年有超过227万名“赛博判官”参与其中，解决了超过38万条争议。

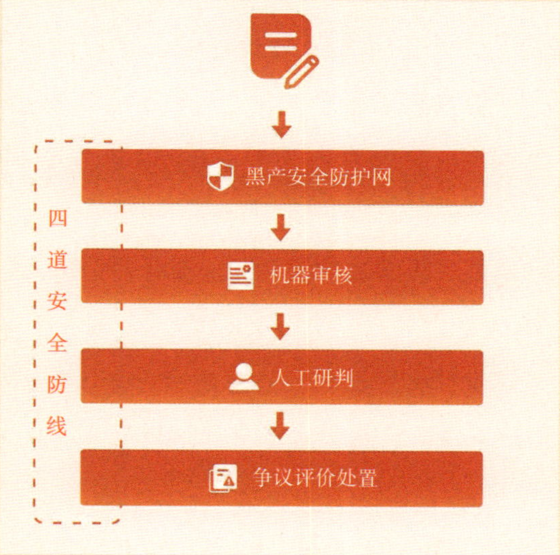

大众点评《评价透明度报告》

Wendy是大众点评深度用户，也是大众点评邀请的“大众评审”。接受线上邀请后，平台经常会推送一些有争议的评价，让她来判断是否适合展示。尽管这项“工作”是义务性的，但Wendy还是一有空就参加。她希望可以通过自己的“判案”让更多真实评价上墙，避免其他用户踩坑。

《报告》中还提到，关于“诱导好评”的相关用户负反馈近年来有上升之势。前文提到的“小吃换好评”就属于这种情况。大众点评针对这一类重点违规行为，在上面“四道防线”基础上，还推进了AI

识别、黑衣人暗访、人工回访等多重治理动作。2024年有超50万家商户被警告，超6万家商户被处罚，对平台环境的改善肉眼可见。

旅游城市是消费旺地，也是纠纷高发地。大众点评专门启动了“旅游城市利益诱导好评治理专项”行动，重点开展整治。以哈尔滨为例，专项行动落地后，用户相关负反馈降幅超47%。

除了担心“好评注水”，消费者更害怕遇上“差评骚扰”。大众点评一直很重视对用户个人隐私数据的保护，专门建起了“AI+人工”组成的防火墙，让商户无法通过平台上的评价或消费行为查询到用户的联系方式。2024年，平台共拦截超156万次差评骚扰，警告超3万家商户，处罚1.35万家。

2.68亿条新增真实评价，包含7亿个图片/视频，覆盖超800万家商户——这是2024年大众点评平台留下的“透明成绩单”。随着各种新情况的出现，这道“数字防线”也在不断升级，让用户能更安心地看评价、更放心地写评价，商户也能更好地做生意。

“数字更新”深入社区肌理，老城市焕发新活力

2025年全国两会期间，住房和城乡建设部晒出了新一年的重点工作计划：着力推进城市更新工作，实施一批惠民生、促发展、防风险的更新项目，并把2000年以前建成的城市老旧小区都纳入改造范围。

数据显示，我国城市中约有20.6%的住宅为老旧住宅，其中2000年前建成的老旧小区约有22万个，涉及居民近3900万户，面积约87.6亿平方米。老旧小区改造，不仅是砖石水泥的翻新，更是数字技术对生活质量的提升。

“2024年1月18日，临淄胜利花园智能井盖位移。”在淄博临淄区雪宫街道胜辛社区的“智能物联信息平台”上，突然弹出了一条警告。社区工作人员立刻通知物业并前往现场查看。得益于安装在井盖上的智能报警装置，物业在第一时间就精准找到并复位了松动的井盖。

胜辛社区建于20世纪70年代，是典型的“老破小”社区，却拥有3000多个智能警告装置，烟感报警器、周界防范摄像头、高空抛物监测等设备全部与智能物联信息平台相连，实现AR应用全景全域覆盖，一旦出现情况立即上报，第一时间派人处理，构筑起一道智能安全网。

如今，越来越多老旧小区，装上了“数字末梢”和“智慧大脑”，实现了全生命周期闭环管理。上海静安区闻喜路251弄小区的60部加装电梯，每年都要进行年检。因为加装时间不同，每一部的年检时间也不同，很容易造成疏漏。借助街道“数字驾驶舱”平台开发出的应用场景，在每部电梯需要年检前的一个月，工作人员会收到短信提醒。

很多老旧社区，同时也是老龄化社区。在推进更新改造的过程中，必须充分考虑老年人的需求。曾经他们为城市发展奉献了自己的青春年华。如今技术的进步让老年生活品质得到了提升，依然可以享受城市发展的成果。

长三角地区作为数字化水平和老龄化水平“双高”的区域，做出了不少有益探索。

如江苏昆山开发区的绣衣社区，下辖9个小区全部为老旧小区，平均房龄超过30年，老年人口占1/3，是典型的“老龄化社区”。2024年，社区为30多户独居老人免费安装5G人体感应设备、烟感器、智慧水表等，居家检测数据能够及时传输给老年人子女、为老服务组织，避免老人因摔倒、昏迷等长时间无人发现等问题，为独居老人围起了一道数字“安全篱笆”。绣衣新村9号楼宋奶奶在家摔倒后，社区马上联系到她的家人，她无比激动地说：“真是太感谢了。”

手机上点一点，恶劣天气或者腿脚不舒服，老人们不出门也能吃上“爱心餐”。上午11点左右，家住上海长宁区天山街道的余阿姨家响起了门铃声。她欣喜地打开门，从助餐员的手中接过温热的餐盒。油面筋塞肉、清炒菜心、虾仁西兰花……吃完这顿营养均衡、荤素搭配的午餐，余阿姨非常满意，打开手机上的“膳博康”平台预订了第二天的午餐。

2025年初，天山街道上线了“膳博康”为老助餐网络服务平台，针对辖区60岁以上老人的用餐需求，推出了16~18元的午餐和晚餐套餐，可以在微信小程序上直接订餐。不仅如此，平台还支持“一对多”就餐人信息绑定，一位家属可绑定多位老人的送餐信息，远程为他们下单订餐，不会用智能手机的老年人也能线上订餐、居家用餐。

上海市嘉定区的“真心食尚”智慧助餐平台，还引入了上海老字号品牌。王阿婆每周都很期待在上面买些糕点、熟食。光明邨鲜肉月饼、泰康蝴蝶酥、邵万生醉蟹……自己偶尔想尝一尝记忆中的味道，不必特意乘坐公交车或地铁，穿越拥挤的城市，专程跑到市区去购买了，就像把老字号开到了家门口一样。

“膳博康”为老助餐网络服务平台上线通知

据了解，“真心食尚”智慧助餐平台还计划增设健康咨询、文化课堂、休闲娱乐等服务，满足社区老年居民的多样化需求，不断完善社区助餐智能生态体系，打造具有真新特色的“智慧养老综合服务平台”。

一碗热汤，一份热菜，串联起我们关于一座城市最温馨的记忆。越来越多餐饮老字号焕发新生，重新回到大众视野和餐桌。

“陶陶居的单人餐外卖也太懂我们了！”一位深圳网友在社交平台晒出了香喷喷的外卖：锦绣海鲜红米肠、酥皮水牛奶菠萝包、海皇鸡火炒饭。套餐里精心设计的小份菜，一个人也能品尝到好几种特色菜。

“真心食尚”智慧助餐平台的老字号专区截图

陶陶居创立于1880年，是广州市第一批老字号，也是广州市登记文物保护单位。康有为亲笔题字店名，鲁迅、许广平、巴金等都曾是陶陶居的座上客。尽管拥有诸多“光环”和忠实食客，陶陶居一度面临经营危机，昔日的金字招牌险些沦为“低效资产”。

如今的陶陶居，俨然焕发了“第二春”。从西关走向全国，餐饮门店已遍布北京、上海、深圳、成都、厦门等一二线城市。每到一个地方开店，基本都非常火爆。这个传统老式茶楼也在朝着“线上+线下”一体化经营转变，电商平台销量7年平均增速超40%。

餐饮业分析师林岳在一次采访中揭秘了陶陶居的“重生密码”：狠抓出

品，重金聘请港籍厨师，通过店面设计把老品牌与时尚有机连接，把精细化粤式的服务落到实处等。145岁“高寿”的陶陶居，吸引的顾客70%都在35岁以下。全面“触网”拥抱年轻人，绝对是“重生”的关键一步。

过去这几年，美团致力于数字化赋能老字号餐饮。在与陶陶居的合作中，美团外卖平台通过数据精准洞察到品牌在单人餐供给方面存在空缺场景。于是与陶陶居共同打造出符合市场需求的新供给产品——将多人餐改造成单人餐，再加上神抢手平台提供的专属流量支持，成功拉动了陶陶居外卖订单规模增长28%。

美团外卖平台上的陶陶居特色一人食套餐

在美团平台数字化助力下，越来越多年轻消费者成为老字号的忠实粉丝。2024年，超176家中华老字号餐饮品牌、5400多家门店入驻美团，覆盖全国31个省份、282个城市。截至目前，美团已为超3900家门店打上了“中华老字号”线上专属标签，外卖单量5年翻了一番。“老字号美食”在美团App三年搜索量增长18倍，中华老字号到店团购单量五年增长4.5倍。

2024年11月20日，美团外卖宣布启动餐饮商家助力行动，投入10亿元助力金支持餐饮优质商家创新发展，其中专门拿出2亿元助力金启动“中华老字号支持计划”，加速中华老字号数字化进程。

除了为中华老字号提供永久免费“外卖管家”服务，由专业运营师接管线上门店经营，并免费提供品牌营销和门店经营类课程之外，美团还向中华老字号免费开放多种数字化工具，包括支持使用母品牌资质孵化运营品牌卫星店、开放AI智能选址选品等工具，助力老字号精准把握市场机遇，开辟线上零售新渠道。

香味是有记忆的。老字号承载着几代人的味觉与情怀，是一座城市无声的底蕴、故事和文化。它们是历史的见证者，也将陪伴新一代的口味走向更远的未来。

近年来，人工智能正逐步悄悄改变老社区的治理模式。过去要跑几趟才能解决的问题，手机点一点即可搞定。目前，天津河西区已在全区150个社区全面推广应用数字社工AI“河小西”，不仅提升了社区治理的效率，也极大方便了居民的日常生活。

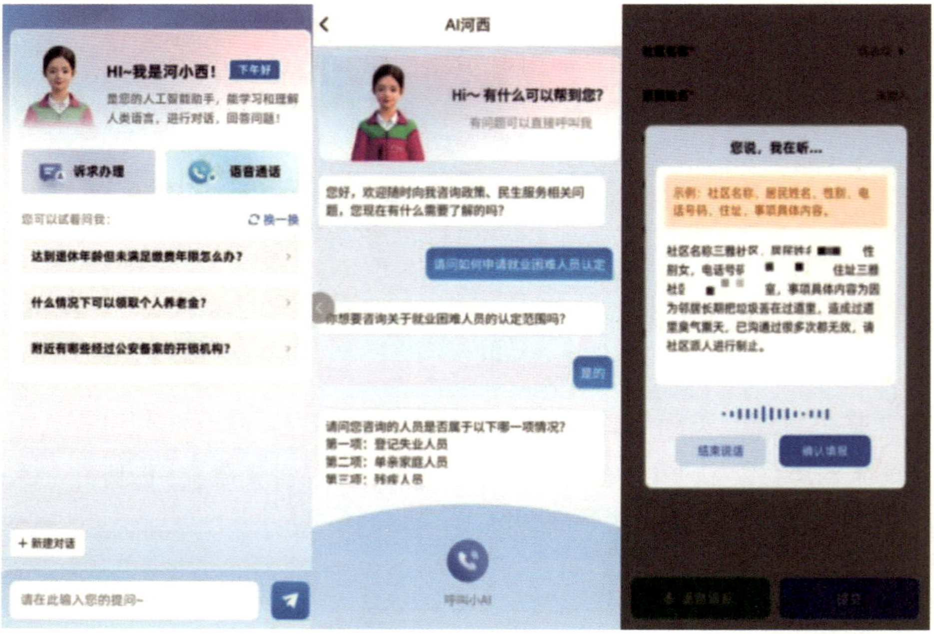

天津数字社工“河小西”助手

2025年2月25日，天津河西区西楼北里社区7号楼突发断电，着急的邻居们纷纷向楼门长朱阿姨求助。朱阿姨拿出手机，打开AI“河小西”界面，在平台提交故障报修，网格员很快协调物业安排电工入户排查检修，电工师傅仅几分钟便恢复了供电。朱阿姨感叹道：“过去遇到这种事，我得往居委会和物业跑。现在用AI‘河小西’，一切都变得快捷简单。”

刚刚进入社区工作领域的“菜鸟”，也有了AI提供的“脑力支持”。上海宝山区正在全区范围内试用“全科社工·AI助手”，探索大语言模型在社区治理和居民区工作场景中的转化应用。

一位年轻社工吐露心声，以前最怕周末独自值班的日子，万一遇到情绪激动的居民来求助，而自己一时吃不准，只能回复“这个事情暂时没办法解决，要不您周一再来”。现在直接把情况输入询问AI助手，详细而又专业的回复“秒出”，再也不怕一个不小心，把与居民之间的关系搞僵了。

2024年，我国共实施城市更新项目6万余个，完成投资约2.9万亿元。年底举行的中央经济工作会议上，将“大力实施城市更新”列为2025年的重点任务。以DeepSeek等大模型应用为首的新一波数字化浪潮到来，数智化正在深入城市肌理，就像轻跳的脉搏，引领着我们迈向更幸福的未来。

延伸阅读

2万“数字打更人”，守护北京中轴线

“姑苏城外寒山寺，夜半钟声到客船。”苏州古城距今已有2500多年历史，保留着大量老街巷、老建筑。在城市更新的进程中，如何将保护、传承和利用有机结合起来，“留住”这份独特的历史记忆和文化价值？利用数字技术新手段，苏州探索出了文物保护传承的新方法、新路径。

古城保护与利用，首先必须掌握城内文物建筑的第一手资料。古城所在的姑苏区，在全国首创开展“古城细胞解剖工程”，将古城传统民居建筑看作构成古城的“基本细胞”，以街坊为单元，对传统民居、历史院落、古树、古井、古牌坊等历史要素以及人文典故开展调查研究。

通过运用无人机、移动测量技术、三维全景技术等手段，姑苏区对古城内重点文物建筑开展三维建模，精确还原文物建筑全貌和主要构造。截至2024年9月，全区已完成27个街坊的数据要素采集，补充完善201处历史建筑、2884处古井古树信息，形成了系统性的“数字档案”。

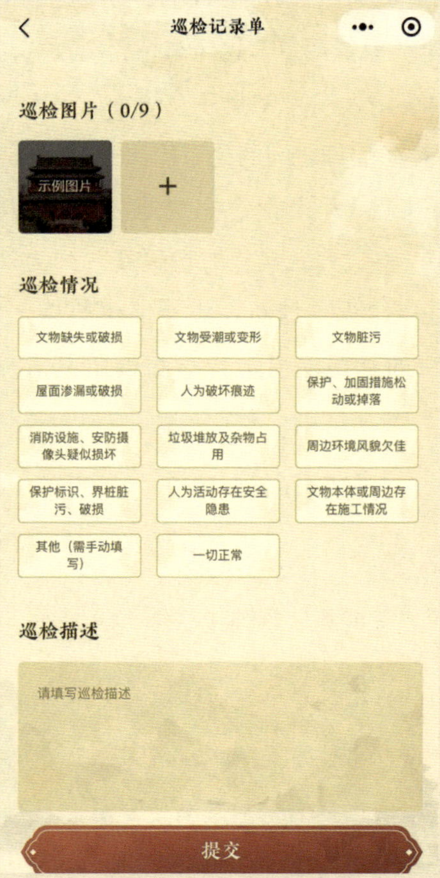

“云上中轴”微信小程序截图

古建筑大多是木结构，最大的隐患是火灾。文保工作人员用手机就可以随时监控濒危古建筑的“身体状况”。通过重点建筑内安装的监控系统，只要出现异常情况都会发出提醒，由社区网格员第一时间查看，以消除风险。

进入数字化时代，中轴线上的文化遗产保护不再是文保部门的专属责任，每个人都可以参与其中。

2024年，“北京中轴线——中国理想都城秩序的杰作”正式列入《世界遗产名录》。始建于13世纪，成形于16世纪，这条中轴线是中国古代建筑的巅峰，见证了无数时代的更迭与变迁。北京天坛公园北门，初二学生闫家齐看到有人在围墙上写下一行字。他拿出手机拍下几张照片，随即扫描遗产点界桩上的二维码进行上传。没过多久，他收到一张电子回执："巡检目标：A104号界桩；巡检情况：人为涂写刻画。"

在距离1.8千米的北京中轴线遗产保护中心，中轴线监测平台内的计算机系统实时接收、审核、存档，并向相关部门下达清理指令。把中学生与监测平台连接起来的，是微信小程序"云上中轴"里的一项功能——"数字打更人"。

"数字打更人"已成为中轴线各遗产点专业巡检的重要辅助手段。上线不到两年，已经收到7万余张巡检照片，大多由青少年参与完成。借助数字力量，两万余名"打更人"记录文物古建的保存状态，守护着中轴线与北京城。

历史文化如同城市发展进程中的关键坐标，是一座城市独一无二的标识。在推进城市更新的过程中，数字技术为历史文化遗产实施科学、系统且全面的保护以及合理利用与传承，提供了新思路。

年度热词

骑手友好社区：“骑手友好社区”是一个近年来在国内逐渐兴起的概念。它指的是在住宅小区或商业区域内，通过属地、社区、物业、配送站点等多方共商共建，主动为外卖骑手、快递员等新就业形态劳动者提供便利、尊重和关怀的社区环境。如开通外卖送餐绿色通道、划定专用停车区、设置小区地图、开放骑手驿站等措施，逐步解决骑手进门难、停车难、充电难、就餐难、休息难等问题。同时，也鼓励骑手积极参与社区治理及助老等公益活动。“骑手友好社区”不仅是硬件设施的升级，更是基层治理模式的创新。这种“双向奔赴”的新型机制，让骑手从“陌生人”转变为社区治理的“合伙人”，既增强了其归属感，也激活了城市治理的“末梢神经”，形成“服务骑手—骑手反哺”的良性循环。

赛博判官：“赛博判官”是部分电商、外卖平台新引入的一种公众评审机制。通过类似游戏的形式，邀请平台的其他用户来对某桩交易纠纷进行讨论，以确保评分系统的客观真实。如当商家收到来自顾客的差评，他们可以申请上“网络法庭”，邀请平台用户担任评审员，来决策这条评价是否失之偏颇。许多用户都可以成为评审员，通过投票的方式参与到一场场商户和消费者之间的是非对错之争中。因为既有趣，又能拉架评理，“赛博判官”已成为年轻人的一种社交方式。

数字更新：城市管理日益复杂，需要更精细化、智能化的治理手段。数字更新正是为了应对这些挑战，通过技术赋能，让城市更新更加科学、高效和人性化。作为城市更新的核心组成部分，数字更新不仅是一种技术工具，而是深刻重塑了城市发展的逻辑与路径，推动城市从“规模扩张”转向“内涵提升”、从“经验治理”迈向“科学治理”。

AI社工：随着AI运用的普及，越来越多城市开始探索实践AI社工场景。如果一个年轻社工刚走上工作岗位，还不知道怎么和居民打交道，AI可以帮上忙；如果一个街镇想要让投诉类的工单能快速准确派发到相关部门、找到具体的人，AI比人工操作更高效。AI知识面更丰富且不知疲倦，正在成为基层工作者的好帮手。

智慧养老：随着物联网、大数据、智能硬件等新一代技术产品的出现、迭代和应用，智慧养老这一新兴养老方式应运而生，为老年人提供更加便捷、高效、个性化的养老服务，让老年人在数字化社会发展中提升生活质量，实现“老有所乐、老有所为、老有所成”。

公益篇

技术精度提升公益温度，善意之光照亮美好生活

很多中国人的慈善启蒙，来自于一张照片。

1991年，一张《我要上学》的黑白照片，让人们记住了一位“大眼睛女孩”。

小朋友的零花钱，大学生的打工收入，老年人的退休金……很多人的第一次公益捐赠，都献给了“希望工程”。人们开始主动关心起远方的呼声。

2008年，南方低温雨雪冰冻灾害、四川汶川特大地震……一方有难，八方支援。社会各界出钱出力，捐款捐物，甚至有不少人亲自赶赴灾区参与救援和重建。那一年，全国捐赠总额首次突破1000亿元，被称为“公益元年”。

如今，每年有超过100亿人次点击、关注和参与慈善，年度捐赠总额突破了2000亿元。

捐赠场景也不再局限于邮局、大厅和广场的长长队伍中，而是变得更轻巧、更日常、更随时随地。点一份外卖，或是骑一公里单车，也能把爱心传递出去。

是什么让中国公益慈善“突飞猛进”？答案是互联网。

时至今日，网络公益慈善已成为我国公益慈善事业重要的组成部分和新的增长点。随着互联网公益的渗透，善意的边界迅速拓展，参与的门槛不断

降低，中国公益真正进入了“全民参与”的时代。

数字技术发展日益消弭距离的障碍，也在一点点改变着公益的温度。我们不再简单满足于“捐出”一刻的满足感，而是强烈地希望与具体的人、确切的事产生关联。

一个非常明显的变化是，“公益效果”越来越成为重要的考察指标，数字技术提供了那把最为关键的“钥匙”。

在今年公益篇，我们关注到几个新趋势，非常值得记录。

捐赠更透明。“信任黑盒”——传统公益模式最大的痛点之一，在互联网、大数据、区块链等技术的加持下，正在加速被“攻破”。互联网平台运用数字化工具，让信息更透明、监督更有力。

连结更紧密。数字技术编织起一张“绿色大网”，不同社会主体汇聚一堂。绿色生活方式从最初的“潮流”“先锋”变成你我的日常。

帮助更精准。互联网平台把“精准匹配”变成可能，每一笔善款、物资都用在刀刃上，让人们更有信心面对一年比一年频繁的自然灾害。

人群覆盖更有力。“沉默的少数”被更多人看见，数字技术“四两拨千斤”，把有形的无形的“障碍”移除，甚至让不少特殊人群都能一起享受和畅聊《热辣滚烫》《黑神话：悟空》和Citywalk。

当然，2024年还有一件具有里程碑意义的大事。

9月5日，新修订的《中华人民共和国慈善法》开始施行。中国公益进入依法运行、深化发展的新阶段，第三次分配继续扩大影响力，让善意之光照亮每个人的生活。

守护慈善“生命线”，让每一份爱心都不被辜负

（1）捐款捐成了股东，透明让爱更有力量

借助网络平台的影响力，我们终于迈入“全民公益慈善”的新阶段。

“如果没有互联网，美国也许还是今天的美国，但是中国肯定不是今天的中国。”财经作家吴晓波10年前在专栏文章中写下的这句话，放在公益慈善领域十分形象。

《南方周末》报道称：依据相关数据，民政部指定的29家互联网公开募捐平台（2016年），迄今已累计为慈善组织发布募捐信息超过17万条，所募集的资金更是超过了500亿元。

不断增长的募捐数字背后，是不计其数的善心在汇聚，公益在数字化加持下如虎添翼。但同时，更多复杂挑战也接踵而至。

一方面，互联网平台把慈善公益组织、捐赠人、受益人联系起来，汇聚成巨大的流量，让更多微小的呼喊被听见。

另一方面，“大流量”也是一把双刃剑。越来越多慈善公益组织的入驻，提升了平台风险监测的压力。一旦出现负面舆情，意味着迅速扩散和发酵，对公信力造成严重伤害。

2024年9月，中国慈善联合会传播委员会与ABC美好社会咨询社联合发布的《中国社会公众慈善认知问卷调研报告》表明，社会公众对慈善的理解、慈善的意识已经有所提升，但仍然存在认知、参与和信任三大不足。

如何呵护千里之外一颗陌生的善心？

数字化技术的广泛应用，正在公益行业掀起一阵数字化的“能见度”提升浪潮，极大地筑牢了公众的“信任之墙”。

2024年7月26日至8月1日，美团外卖“超级发布PLUS”发起“用膳行善”公益行动，携手华莱士、霸王茶姬、茶百道、CoCo都可、张亮麻辣烫等多个连锁餐饮品牌推出“公益联名套餐”，每份公益套餐将捐出2元钱，一起为欠发达地区的乡村儿童铺设多功能操场。

无论是爱心商家还是消费者，在美团后台打开公益档案，就可以随时查看自己捐出的每一块拼接地板铺设在幼儿园的第几行、第几列。“透明”，极大激发了捐赠者的主动性。美团数据显示，活动期间共产生近40万份公益套餐，预计可捐建12座乡村儿童操场，受益儿童近1500名。

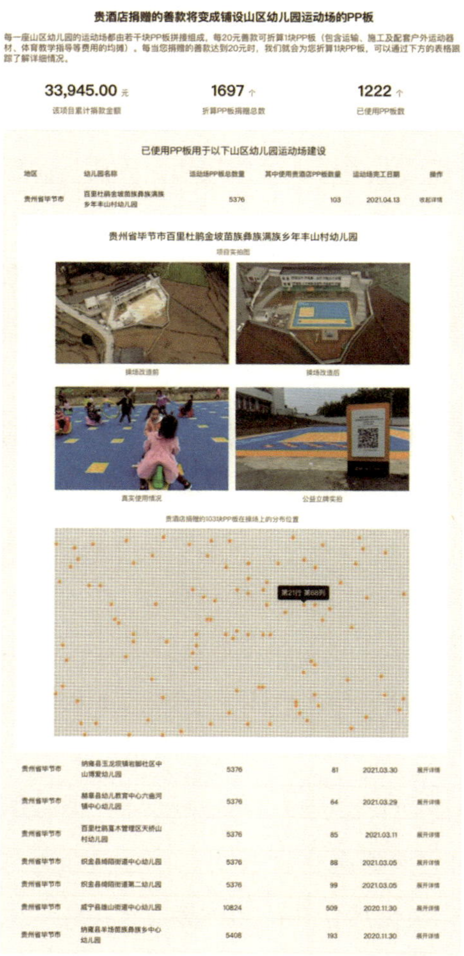

商家可以通过系统查看到他们所捐的PP板，
用于哪个幼儿园的第几行、第几列

事实上，“透明度”作为公益慈善信任的“生命线”，受到空前重视。2024年9月5日，新《慈善法》正式施行。新增加的第二十七条规定对互联网募捐做出了规范，要求平台公开披露慈善相关信息，确保慈善项目在阳光下运作。

随着短视频和直播的兴起，公众接收信息的方式发生了巨大改变。在“万物皆可直播”的当下，公益慈善透明化也有了更丰富的呈现方式。

2024年1月31日晚8点，广东

省绿芽乡村妇女发展基金会秘书长邹伟全准时出现在微信视频号直播间。她先是向镜头前的观众们报告了绿芽2023年财务情况，回应了大家所关切的公益五问。然后围绕“拉她一把，拉动一个乡村的希望”的主题，阐述了绿芽如何为乡村女性赋能。当晚有超过2500个观众线上参与了这场直播。

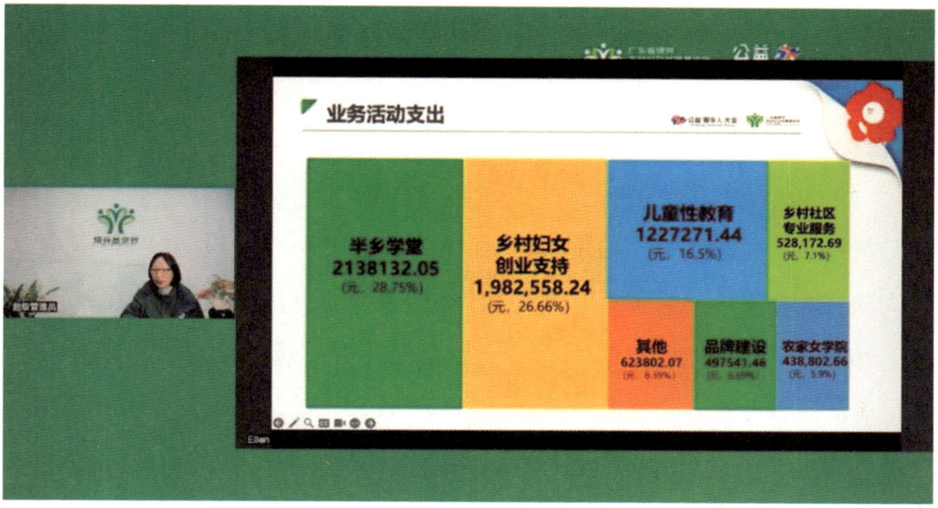

绿芽第四届公益股东人大会直播截图

广东省绿芽乡村妇女发展基金会是全国首家致力于乡村妇女发展的非公募基金会。2022年起，绿芽开始尝试“公益股东人大会”的形式，2024年已经是第四届。这个创新模式，源于腾讯公益早先的一个倡议：仿照上市公司的治理模式，每个参与公益项目捐款的爱心网友，都成为对应项目的“公益股东人”，由项目负责人在线向股东们披露财务报表和执行细节，并且面对面回答问题。

上线不到两年，有202家公益机构、278个项目开展了378场“公益股东人大会”。不少公益项目的捐赠者，都是通过这样一场活动，才第一次接触到公益机构的财务细节与项目运作。参加过前三期“公益股东人大会”之后，绿芽的视频号增长了5000粉丝，筹款数据也同比增加了13%，知名度和影响力都上升了一个台阶。

透明度提升带来的公众信任感增加，影响的不只是个人单次的捐赠行为，还有整个社会的慈善氛围。中央财经大学社会与心理学院课题组经过数月的调查研究形成发布的《2024年度中国网民慈善信任指数研究报告》揭示了一个关键事实：个体的总体慈善信任水平越高，无论是捐赠次数，还是捐赠总金额和互联网捐赠金额都会越高。报告分析结果表明，慈善信任指数得分每增加一个单位，捐款次数的发生率会增加1.6%，捐赠总金额会增加0.026个单位，互联网捐赠金额会增加0.031个单位。

（2）对假公益说“不”，流量引导拒绝套路

网络时代的注意力是稀缺品。面对每年海量的公益慈善项目，如何帮捐款人选出优质项目？互联网平台也做了一些有益的尝试。

2024年1月，支付宝公益平台开始实施《高质量项目评估管理办法》。平台邀请慈善专家、公益机构代表、捐赠人代表、法务及财务专家等组建专家评审委员会，每年选出一批组织规范、设计科学、执行高效、成果有效、重视捐赠人服务的高质量项目。这些项目将在支付宝公益平台获得优先推荐，得到平台更多流量和资源支持。

另外，平台还引入专业第三方细化项目审核上线要求及项目信息披露要求，并且定期进行线下抽检，并把抽检结果作为高质量项目评分的重要依据，“线上线下”形成监督闭环。如此一来，一方面，能够激励慈善组织在项目设计阶段，更精准地对接社会实际需求，以更高效的方式运用资金，提升项目产出成效；另一方面，也有助于引导捐赠人在众多公益项目中，筛选出专业性更强、更值得信赖的项目，从而确保每一笔善款都能精准发力，切实发挥最大价值，真正做到“用在刀刃上”。

过去这些年公众参与度的提升，离不开内容公益迅速发展。项目探访、参与体验等“沉浸式”体验的方式，极大地拓展了传播力和关注度，却难免出现一些心存不轨的人想要利用大众的注意力和爱心。监管的工作量和难度成倍增加，给短视频和直播平台提出了更高治理要求。

2024年1月，新华网联合抖音拍摄的一部反映网络不实信息的短片《别拍了！》正式发布，揭穿了一系列虚假摆拍、伪公益套路，播放量迅速突破1000万大关。

视频讲述了一个典型案例：网红博主策划了一个“直接进村送钱”的虚假慈善视频拍摄计划，以为儿子真要送钱的博主父亲赶紧前来制止，却阴差阳错让博主成了“真慈善家”。正当博主准备利用这波流量带货时，却被抖音出台的治理伪公益新规封禁，付出了代价。

除了禁止公益账号直播带货，抖音平台为进一步打击“公益捐款返现”诈骗，对公益捐款冷静弹窗进行升级，增加了冷静弹窗出现频率，并且明确提醒用户警惕“捐赠返利”等诈骗行为，相当于多了一道提醒拦截。

2024年4月21日，中央网信办发布通知，在全国范围内开展为期两个月的“清朗·整治‘自媒体’无底线博流量”专项行动。其中，“摆拍卖惨”“虚假助农”等利用公众同情心理骗取关注，进行不当谋利的“伪慈善”行为被列为整治重点。短视频平台积极响应跟进，处置关停了一批违规账号，净化互联网公益环境。

清华大学公共管理学院教授、数字公益研究中心主任邓国胜在《中国社会报》上发表的一篇文章指出：当前，我国公益慈善领域面临的一个严峻挑战就是公信力问题。慈善组织信息披露成本高，再加上监管方与被监管方之间的信息不对称等原因，慈善行业的监管难度非常大，这也是公益慈善行业发展的痛点与难点，而数字技术为这一难题提供了解决方案。

当下，数字技术正在全流程融入公益慈善项目的各个环节，逐渐形成一种健康可持续的良性循环。越来越多爱心人士把一次性、临时起意的捐赠，转化为长期行为。如同一束束光照进了长期困扰公益慈善领域的“信任黑箱”，让每一份善意都不被辜负。

延伸阅读

我捐的操场上，“奥运冠军课堂”开课啦！

“我参与的公益捐赠项目竣工啦！”

2024年6月28日，一位黑龙江网友收到了来自美团公益的短信：亲爱的捐赠人，又一座新的乡村儿童操场竣工啦。您捐赠的G×1××号拼接地板，已被铺设在云南省怒江州福贡县石月亮乡王咀幼儿园操场的第4×行第4×列。

点开详情链接，一个崭新的操场映入眼帘，孩子们在操场上玩耍的身影，看起来那么无忧无虑。成为这场跨越几千公里的爱心行动的参与者和见证人，令她感动不已。

本以为捐赠完成就是结束，想不到却是“沉浸式参与”的开始。当她参与捐赠的那块操场地板，与其他3175位爱心用户、2722个公益商家共同捐赠的操场地板一同抵达云南时，立马收到了千里之外的“云监工”短信。

操场投入使用后，旁边还立起了一块牌子，永久保存了捐赠人的名单。虽然捐赠人大多数没有亲自来过现场，却可以通过这种方式完成“云打卡”。通过美团自主研发的善款追踪系统，每块地板的具体位置都被精准标注，让爱心人士与受助孩子建立起珍贵的连接。

2020年9月美团发起“乡村儿童操场”公益计划以来，社会各界踊跃参与，影响力不断扩大。2024年6月起，已经实现平均每天捐4座乡村儿童操场。截至2025年2月底，累计捐建2934座操场，覆盖了贵州、云南、西藏、青海等29个省份，带动108万商家和105.9万位爱心网友参与。从千里冰封的黑龙江齐齐哈尔，到四季如夏的海南三亚，崭新的乡村儿童操场上，回荡着孩子们的欢声笑语。

美团第2915座乡村儿童操场

一座座崭新的操场，为欠发达地区的乡村儿童提供了快乐奔跑、健康成长的“乐园”。美团持续利用自身影响力，链接各方资源推动“操场+”，为孩子们打造了与世界对话、实现梦想的舞台。

2024年9月9日，美团乡村儿童操场公益计划——“冠军家乡公益专项”首场探访活动在天津蓟州区礼明庄镇中心幼儿园举行。体操奥运冠军、冰基金发起人陈一冰走进家乡天津的乡村幼儿园，为孩子们带来了一场妙趣横生的“冠军体操课堂”。

站在新操场上，陈一冰耐心地教授孩子们体操的简单动作，孩子们认真学习模仿，并在他的帮助下顺利完成前滚翻动作。在一次次翻滚和动作纠正的过程中，孩子们体验到运动的成就感，也体会着体育精神中的坚持和拼搏。时值中秋佳节，课后陈一冰还跟大家围坐在一起吃月饼，分享自己的体操故事。

陈一冰在乡村儿童操场上带来“冠军体操课”

北京师范大学行为健康研究中心屈主任认为，幼儿体育游戏活动不仅能够培养儿童参与体育运动的兴趣，为儿童掌握各种体育运动项目打下基础，让儿童未来更有可能成为终身运动者。同时，体育游戏活动还能有效促进儿童大脑发育，让儿童在情绪控制、学业表现等方面更加出色，良好的运动环境能够更好地发挥体育助人成长的特殊价值。

这次参与到美团乡村儿童操场“冠军家乡公益”项目中，陈一冰颇为感慨，表示非常希望能为更多的孩子提供更好的体育游戏环境，帮助他们实现自己的梦想，希望在这片操场上也能走出一位奥运冠军。

首批加入“冠军家乡公益专项”的运动员，包括体操奥运冠军陈一冰、冯喆、邓琳琳，滑雪奥运冠军苏翊鸣，蹦床奥运冠军董栋，跳水奥运冠军林跃，射击奥运冠军庞伟等。他们与公益商家和爱心网友一起，为家乡所在地的乡村幼儿园捐建多功能操场，也为孩子们埋下一颗冠军梦想的宝贵种子。

不仅如此，各色各样的主题活动正在操场上展开：萌娃运动会、科学探索课、非遗体验课、交通安全教育课……一片片地板拼出的爱心操场，正在拼出孩子们的彩色未来。

“任性”地球呼唤救灾体系重塑，科技助力善心精准传递

（1）救灾，也能对多样需求做到精准满足

地球气候正在变得越来越“任性”。

常年极端干旱的撒哈拉沙漠，遭遇了50年来罕见的洪灾；西北太平洋本该平静的冬季，居然出现“四台风共舞”；世界气象组织称“2024年将成为有记录以来最热的一年”……放眼全球，“气候异常”变成了我们的“寻常”，“百年一遇”“千年一遇”似乎有了“年年遇”的态势。

世界经济论坛发布的《全球风险报告》直言，未来10年，全球首要风险不是武装冲突，不是社会分化，而是极端天气事件。

央视网-CCTV2报道：撒哈拉沙漠发洪水，现“沙漠出平湖”奇景

日益频繁的气象灾害，还有地震、火灾、传染病等各类公共突发事件，如同一场接一场的大考，让我们总是在与时间赛跑。“救灾疲劳”“捐款疲劳”等问题渐渐变得突出，整个社会的应急救灾体系都面临挑战。

随着参与程度逐渐深入，国内互联网科技企业尝试利用自身技术优势，解决受灾地需求与爱心物资供给的匹配难题，让善意更“精准”到达。

2025年初西藏日喀则市定日县6.8级地震的救灾，就是一个典型案例。震中位于高原高寒地区，除了常规医疗救治方面支援，还急需御寒保暖物资。“美团买药”第一时间联合西藏阜康医院、海氏海诺等生态伙伴，完成了30万盒应急药品、1万盒暖宝宝以及各类创口消杀类物资的紧急采购。

2025年1月8日凌晨0时左右，一台白色厢式货车就驶入定日县中心医院。

“送到了！”三名美团外卖骑手扎西巴旦、扎西顿珠、柏宇快速卸下成箱的应急药品、急救包，马不停蹄地开始向不同的救灾点分发。

三名本地美团外卖骑手帮助卸下首批抵达震中的医药物资

一般来说，地震灾后最容易出现肠道方面的传染病以及外伤感染，再加上西藏地区高海拔、极寒的特殊地理环境，一个感冒都可能引发急性脑水肿或肺水肿。

时间有限的情况下，“美团买药”充分调动自身医药生态优势，把“药品清单”尽可能做到了种类齐全：急救用药有盐酸肾上腺素注射液、多巴胺注射液等；外用药有冻疮膏、创面消毒喷雾剂；抗生素有阿莫西林、头孢；医疗器械有医用纱布敷料、医用绷带；常用药有布洛芬、蒙脱石散、罗红霉素；应对高反有红景天西洋参胶囊；等等。

灾情发生后，社会各界广献爱心，捐赠大量物资。在这个过程中，经常会出现“我想要一个苹果，你却给我一卷纱布”的情况。一方面，矿泉水方便面“过剩”；另一方面，新生儿的奶粉尿布、女士的卫生巾、老人的常备药等个性化的具体需求，很难被照顾到。

这时候，互联网平台的优势就凸显出来，有平台开始利用数字技术搭建桥梁，把选择权交给真正需要的人。

如2024年南方遭遇水灾期间，腾讯基金会联合壹基金发放“一老一小暖心券”，面向在洪涝灾害中受灾严重且家中有老人、婴幼儿的家庭，提供面额为200元的暖心券，支持他们自主选择采购灾后所需物资。

从验证身份到领取使用全部在线上搞定，不仅流程大大简化，还照顾到受助人的个性化需求，让他们能够按需购买物资。既提高了善款使用的透明度，也节约了物资运送的物流成本。

家住福建龙岩上杭县中都镇由安村的丘先生，通过微信刷脸完成人员信息核实后，领到了4张面值50元的代金券，然后去镇上超市买了米油、挂面等食品及部分日用品，解了燃眉之急。

自2024年6月23日起，中都镇约1000户遭受洪灾较严重、有老人或者婴幼儿的家庭，陆续收到了“暖心券”。丘先生和其他受助人都表示，暖心券可以减轻一些家庭开支，在过渡阶段更好地生活，倍感欣慰。

这样的数字化手段，还有个意想不到的好处——不仅救助了受灾家庭，还能帮助灾区当地的商家“回血”，可以说是一种“数字以工代赈”，鼓励更多当地人参与到灾后重建。

如上述的“暖心券”活动就通过邀请商户、商户自主申请两种方式，吸纳受灾地区信誉良好的商家来参与，既方便了领券家庭就近用券采买，又有助于恢复当地的商业环境，构成了灾后重建的重要一环。

腾讯公益慈善基金会联合爱德基金会发起的供灾区商户和居民使用的“一老一小暖心券”

（2）技术援助，备灾预则立不再是空话

事实上，“技术救援力”的广泛介入，正在悄悄改变灾后重建的模式。

西藏日喀则发生地震后，美团买药互联网医院发起了“灾后援助 守护行动”免费义诊项目，在美团App上线，缓解灾区紧张的医疗需求。针对受地震影响的旅游订单，美团旅行全力协助退改；因地震停业的商家，美团提供歇业保护，并为恢复营业的商家提供经营支持。

为了让受灾村庄尽快恢复正常生产生活，通常会就地招募村民加入重建工作。过去基本要通过村委会大喇叭、纸质登记的方式进行，费时费力。

而日喀则进入地震灾后重建阶段后，腾讯基金会联合壹基金等机构发起“以工代赈重建家园”项目，通过“壹家人以工代赈”小程序“码”上申报灾后重建以工代赈需求。据统计，共有11支社会救援队通过“壹家人以工代赈”小程序申报需求，累计完成安置点搭建、安全培训等任务工时3004天，带动2224人次村民参与重建。

四川省凉山州蓝豹应急救援中心理事长方丹表示：“过去我们缺乏资源，只能做基础救援。现在通过数字平台接单，既能获得资金保障，又能积累社区服务经验，逐步向‘韧性社区共建者’升级。”

更进一步地，通过数字化手段还能提升城市应急救护能力，从救灾延伸到“备灾”，同时把急救现场的第一目击者变成第一响应人，提升响应速度，提高救助成功率。

北京师范大学风险治理与社会创新中心张主任指出，灾前的款物准备可以确保灾害发生后，灾区群众能尽快拿到救助物资，但大部分基金会平时的储备很少，传统的灾害应对机制需要作出改变。

常态化的备灾模式，已经成为越来越广泛的共识。

壹基金主导的企业联合救灾平台，通过与中粮集团、永辉超市的长期合作，在灾害多发易发季节协调这些企业主动预留一定规模的物资库存，作为应对突发灾害的“救灾仓”。

壹基金合作发展部总监张銮明介绍：“通过提前备灾，能够在灾害发生时迅速调拨物资，大大缩短了响应时间，有效避免了紧急采购所带来的时间与资源消耗。”该平台现已涵盖仓储物流、日用品、饮用水、航空、建筑、金融平台、互联网平台等领域的企业，不仅关注重大灾害响应，还能支持中小型灾害的救灾行动。

（3）灾害预警，从死神手里抢时间

灾害预警，也是防灾减灾的重要一环。当我们在面对自然灾害时，如果能“提前一步”发出预警，往往可以极大地减少损失。

以地震为例，《西北地震学报》早在2002年第12期发表的研究表明：地震预警时间为3秒时，可减少14%的人员伤亡；地震预警时间为10秒时，可减少39%的人员伤亡；地震预警时间为20秒时，可减少63%的人员伤亡。

2024年7月25日，国家地震预警工程顺利通过竣工验收，全面建成全球规模最大的地震观测网。实现分钟级地震速报向秒级地震预警的跨越式发展。8月2日，由中国地震台网中心、中央广播电视总台国家应急广播与腾讯联合推出的全国微信预警服务，面向公众开展公开测试。

全国微信用户都能通过小程序开启地震预警。覆盖全国的地震预警网络在重点预警区首报用时平均仅需7秒，在一般预警区首报用时10~30秒。短短十几秒时间，也许低楼层住户就能紧急疏散到户外，高楼层住户可以找到躲避空间，争取到了宝贵的避险时间。用户还能通过小程序发出高频音呼救，在被困情况下，向救援人员发出求救信号。

“中国地震台网”小程序地震预警通知

2025年3月，缅甸7.9级地震、汤加7.3级地震接连刷屏，我国广东、新疆、西藏多地小震不断，让人不禁怀疑：“地球是不是被激活了？”地球变得一天比一天“任性”，科技发展正在改变传统的服务模式和资源组合方式，促使社会各方力量更加有效地协同合作，提升防灾救灾的效率和准度。

在这个危险丛生、难以预测的世界，科技创新正在成为利器，让我们拥有对抗灾难的底气和力量。

延伸阅读

与死神赛跑，搭建“云端急救通道”

“喂，您好，这里是120指挥中心，是有人受伤吗？”

2024年9月的一天，广东东莞一儿童在家里泡澡时不小心溺水，一度没有心跳、呼吸，肌张力为零，情况十分紧急。正在赶往现场的东莞康华医院徐利利医生，通过救护车上的“企鹅急救”车载视频通话系统“提前到场”，第一时间指导孩子爸爸进行心肺复苏。短短几分钟后，孩子的唇色从青紫色转为红润，呼吸也恢复了，终于清醒了过来。所有人都松了一口气。

这场惊心动魄的“生死时速”，成功挽救了一个年轻的生命，背后是东莞联合腾讯打造“社会急救4分钟救援圈”的创新探索。

中国国家心血管病中心统计数据显示，我国每年心源性猝死者高达55万人，平均每天1500人死于心脏骤停，每分钟就有1个人因为心脏骤停突然倒地，而这些意外87%发生在医院外。心脏骤停的黄金救援时间只有4~6分钟，城市救护车到达现场的平均时间则为8~13分钟。在救护车到达前的宝贵“急救空窗期”，如果患者没被及时救助，则会面临生命危险。每延迟1分钟，患者的存活率将下降10%。

在这套“短信+定位+视频”技术的院前急救模式中，东莞市120指挥中心作为“前哨站”，接到紧急报警后迅速调派就近急救车辆，同时调度员发送短信链接给求助者，使其可以通过微信小程序“企鹅急救”视频连接医生远程指导，争取宝贵的急救黄金时间。

"视频系统让我们能够更准确地判断患者状况，减少盲目性。"东莞市横沥人民医院急诊科方军医生回忆，过去没有视频系统时，只能通过电话沟通，无法清晰了解患者情况。如今可以通过视频可以直接观察患者，判断病情的严重性和具体症状，提高急救的有效性和及时性。

东莞是一个"散装城市"，只有镇级行政区，分布着大量工业园区和村庄，以前存在报警者详细地址不清楚等情况。有些地方救护车进不去，医护人员甚至还要扛着担架走来走去"找患者"。连接了"企鹅急救"系统后，救护车在途中通过系统就可以精准地定位报警者来电的详细地址，为救护人员第一时间到达现场节省了更多时间。

2025年，东莞市109辆入网救护车已安装接通"企鹅急救"系统的平板电脑。腾讯数据显示，2024年5月1日至12月31日，东莞市医疗救护120指挥中心与呼救人、救护车医生通过接通视频处理11984例通信急救事件，视频接通率达到74%。在与死神的赛跑中，一次又一次取得了胜利。

科技赋能向“绿”而行，绿色生活方式蔚然成风

（1）低碳，吃出来

以十年为尺度，站在消费的视角来观察，我们的生活有什么变化？

你可能注意到，4元一杯的柠檬水征服了一线城市的白领，曾经“高高在上”的星巴克，开进了小县城的商圈。不过，在商业世界的纷繁趋势背后，其实还有一条不易察觉的暗线：绿色消费，正在融入最日常的衣食住行。2024年8月，《中共中央 国务院关于加快经济社会发展全面绿色转型的意见》发布，明确指出要推动消费模式绿色转型。

那些天然就连接着广大商家和用户的互联网平台，天然成为绿色生活方式的推荐大使。

就拿吃饭来说，外卖曾经是容易产生浪费的环节：有人“一个菜不够，两个菜太多”；也有人平时饭量不大，配送的米饭却盛了满满一盒；有时候明明只点了单人餐，一次性筷子却给了三双。这些或主动或被动造成的浪费，都为环境增加了负担。

随着“反浪费”渐渐成为社会共识，外卖平台率先扛起了“反浪费先锋”的责任。美团外卖联合商家推出“小份菜”，向用户提供“无需餐具”选项，在餐饮领域掀起了一阵“绿色风暴”。

截至2024年底，已有超过290万家美团餐饮商户提供超过922万种“小份菜”，“舌尖上的浪费”得到了一定的遏制。一家连锁餐饮企业负责人表示：“通过分析销售数据，发现部分菜品的食材浪费较为严重，于是对菜品分量和食材采购量进行了优化调整，每月食材损耗降低了近20%。”截至

2024年底，已有超过4.9亿名美团外卖消费者选择过“无需餐具”，累计减碳量超33万吨。按照家庭年度用电1000度来计算，相当于近42万个家庭一整年的用电量。

清华大学环境学院、中国连锁经营协会以及美团“青山计划”联合推出的《中国餐饮行业减少食物浪费路径量化评估研究》报告显示，在餐厅就餐、外卖就餐、食堂就餐和家庭就餐四个场景中，外卖就餐的食物浪费相对较少。背后离不开外卖平台、商家和消费者的共同努力。

外卖平台订购“小份菜”页面

为了让各方的绿色消费意识更强、努力更加可持续，美团还通过种种制度来激励商家和消费者，优化绿色消费环境。

例如，商家不仅可以推出“小份菜”，还可以选择使用环保包装、参与包装回收、选用节能/节水设备等方式，获得相应的环保荣誉“徽章”。这些荣誉会载入商家的“青山档案”，把商家的“含绿量”清晰生动地展示给用户。

作为美团于2017年在行业内推出的首个环境保护行动，截至2024年底“青山计划”已在全国20个省份22个城市落地规模化垃圾分类及餐盒回收项目，累计回收塑料餐盒约2.9万吨，大约相当于2万台小轿车的重量。绿色理念在外卖行业，变得越来越普及。

美团商家青山档案页面

（2）碳积分，环保越来越日常

每个用户，也可以通过美团的“碳账户”功能，加入这场绿色行动。点个外卖，也能收获“碳积分”。

“中午在公司点外卖，选择‘无需餐具’，拿到38克碳积分，选择‘小份餐’，又拿到164克碳积分，吃完拍下‘光盘’照片上传到美团App，获得160.7克碳积分。一顿午饭加起来，总共减碳362.7克。”广州市民胡小姐自从在美团外卖平台开通了碳账户之后，每次完成一笔消费，都要去“对齐”一下自己的碳积分。

目前，用户可以通过4种方式获得“碳积分”。如出差旅行订酒店时，如果选择“无需一次性用品”，也可以获得203.2克碳积分。积少成多，汇聚成点亮绿色未来的“满天星光”。

事实上，放眼全国，不少省份也采取了类似的办法，开通了线上的“个人碳账户”，如山西省的“三晋绿色生活”、山东省的“碳惠山东”、重庆市的“e电碳通”，上海市的“沪碳行”。通过这些平台，广大居民的绿色行动实践能够获得一些奖励，如使用碳积分兑换日用品、购物券等。

在太原市杏花岭区中车社区，一位居民把手里的废旧衣服投递进名叫“碳普惠平台”的操作机里。“你捐的衣服总共是1.1千克，能兑换2.5千克二氧化碳，我们今天现场有活动，2.5千克二氧化碳可以领取4个鸡蛋……”投递完成后，平台上立刻显示出投递物品为可回收物，并同步显示废旧物品的重量、可以兑换的二氧化碳排量等。

这款碳普惠平台，外观颇似常见的绿色垃圾回收箱。看似“头脑简单”，其实相当灵敏。现场工作人员介绍，居民投递物品后，它会通过传感器称重、传输、记录可回收物品的重量并上传至云端，平台经过远程图像识别和传感器技术自动识别物品属性。万一有不可回收物“乱入”，也能马上被发现。平台通过小程序与手机连接，投递人可以随时查看自己的投放记录。到手的碳积分可以当钱花，在平台上兑换全国各地特产。

在不同主体的碰撞下，绿色消费的实践边界还在不断延伸，拓展出了更多新思路、新场域。

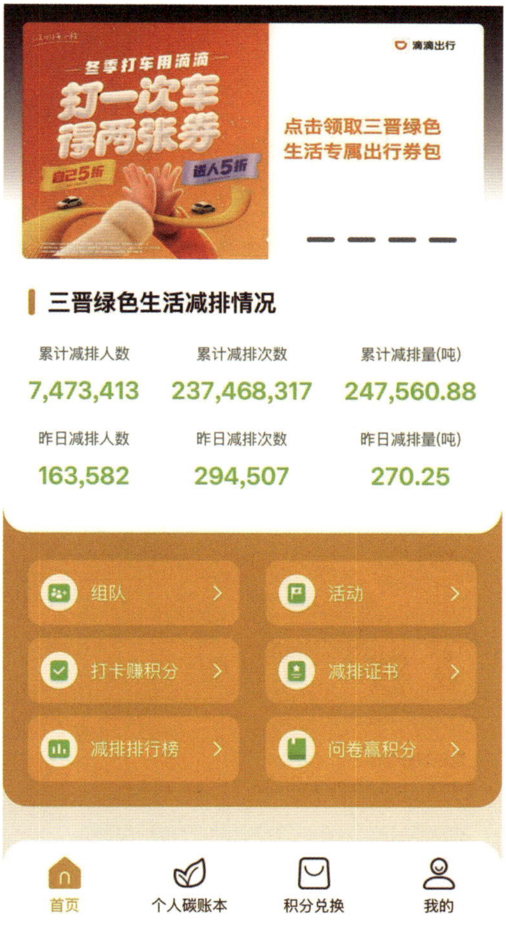

“三晋绿色生活”微信小程序截图

在“利己”的同时，更增添了“利他”的属性。节能减排不光获得物质奖励，还能让爱心和善意广为传播。

在美团App上，用户只要攒齐100克碳积分，就可以参与捐建乡村儿童操场“环保角”。在这里，老师会带领山区幼儿园的孩子开展垃圾分类等互动游戏，从娃娃抓起，在玩耍中培养环保意识。纵然相隔山与海，总能感受到一股“绿色暖流”涌动在心头。

原本相对封闭的“碳账户”生态正在加速融合，公益链条延长、再延长。

美团用户碳账户页面

交通行业的碳排放，占全球碳排放总量的近1/4。这个碳排放“大户”，也在成为绿色生活方式的践行者。2024年国内新能源汽车新车销量达到汽车新车总销量的40.9%，较2023年提高9.3个百分点。对于还在积累阶段的年轻人来说，共享单车和共享电动车，是更触手可及的绿色出行方式。

自2021年开始，美团骑行积极和减碳平台开展了一系列深度合作，在北京、上海、浙江、四川、山西等省份积极探索。哪怕你身在不同城市，也能通过美团平台实现碳账户的积累。2024年，美团骑行用户在全国范围内因低碳骑行减少的碳排放，总计达到约56万吨。

近年来，美团单车和电单车全年骑行里程持续逼近“百亿公里”大关，带动用户持续选择绿色出行方式。

越来越多的“同路人”加入进来，对单车和电单车的需求和损耗也在迅速增长。曾有一项统计显示，全国每年会产生近300万辆废旧共享单车，那么该如何妥善处理这些“副产物”？

在广州番禺区石楼镇石一村文化广场，就坐落着一个由2000条美团单车、电单车废旧轮胎回收再生的塑胶球场。这是美团在全国建设的首个由共享单车改造的塑胶球场，“变废为宝”支持乡村和学校建设。

四川阿坝宅垄镇小学篮球场

从天空俯瞰，巨大的球场鲜明生动，“单车变球场”的背后，是绿色生活方式的一个缩影。

美团单车早在设计之初就考虑到了单车全生命周期的节能减排，在行业内率先提出并积极践行全生命周期环保理念，在设计、采购、生产、投放、运营、报废等全环节，都贯彻“3R原则”（Reduce减少、Reuse再利用、Recycle循环），废旧单车100%回收再用，实现单车全生命周期的节能环保。

美团已经向广东、青海、西藏、四川、云南、贵州、江西、湖北、陕西等省份的乡村和学校捐赠了超过60块球场，共回收利用约12万条美团单车、电单车轮胎，总捐赠球场面积达到2.7万平方米，总受惠人数上万人。2024年，“美团单车变球场”全面升级为“美团碳索骑迹空间”，持续迭代更新。

2025年2月，国家市场监管总局等5部门印发的《优化消费环境三年行动方案（2025—2027年）》提出，“聚焦数字消费、绿色消费、健康消费等打造新型消费场景”。

绿色消费，犹如一片广阔的新蓝海，展现出蓬勃发展的市场潜力。借助数字技术的力量，互联网平台连接起广大商家和用户，一张巨大的“绿色生态网络”正在加速编织而成，为全社会的可持续发展贡献力量。

延伸阅读

这10位“碳”索者，每人100万元奖金！

在中国西南腹地，海拔4860米的四川达古冰川上，南京大学能源与资源学院教授朱嘉及其团队已经铺好了一层1200平方米的特殊“凉被”。这种具有辐射制冷性能的纳米薄膜材料，不止反射太阳光，而且辐射能量，就像一层高级防晒衣保护着脆弱的冰川。

在持续“盖被子”的5年里，达古冰川的消融减缓厚度由1米提升至2.3米。

镜头转到繁华的珠三角地区，坐落在广州市黄埔区的全球首条千吨级生物基橡胶中试线，即将投产使用。在华南理工大学教授王朝及其团队的努力下，从这里生产的可降解鞋底，原料将会是土豆、木薯粉和玉米芯，只需要几个月，废弃的鞋就会完全消失在土壤里，不会变成微塑料污染土壤和水源。

上面两个看似不相关的领域，关注的其实都是人类生存与发展的全球议题，而且它们还拥有一个“共同支点”：美团青山科技奖。

2025年3月3日，第四届青山科技奖获奖名单正式揭晓。来自材料科学、化学、化学工程、环境科学、能源科学等学科的10位青年科学家获奖，包括前述两位教授在内，每位“碳”索者将获得100万元奖金。

一家互联网企业，为何要花费上千万元奖励青年科学家？

要知道，几十年如一日的科研工作，往往是单调枯燥的。从论文发表到成果落地，周期长、投入大、回报慢，中间过程并非一片坦途。据统计，2023年中国高校专利转化率仅6.8%。前文提到的王朝教授团队，在发布全世界首批全生物基可降解鞋之前，研发了整整20年。

创新不能只靠“国家队”，社会力量也是不可或缺的关键一环。近年来，不少肩负使命、心怀愿景的企业主动提供支持，社会资金正逐渐成为科技创新资金的重要补充。现如今，已经形成了关注青年人才的三大社会科技奖：美团的青山科技奖、腾讯的科学探索奖、阿里的青橙奖。

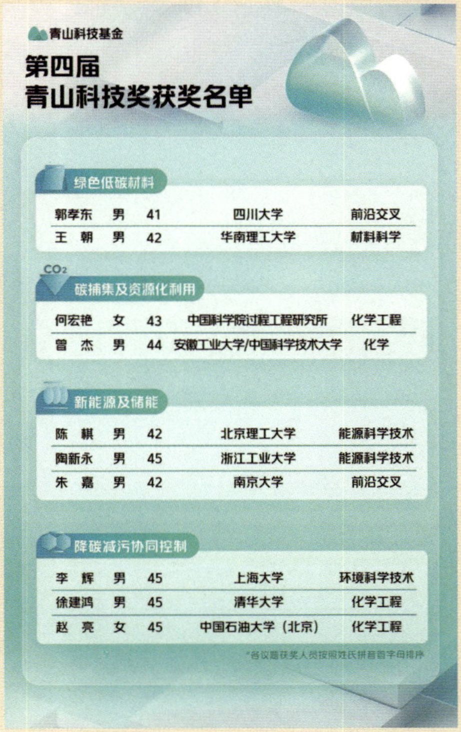

第四届美团“青山科技奖”获奖名单

早在2017年，美团就发起了“青山计划”，联动生态相关方在行业绿色转型的关键节点进行探索。2021年，美团投入5亿元设立公益性的青山科技基金，并发起“青山科技奖”，对绿色低碳领域的青年科学家予以支持。截至目前，四届“青山科技奖”已累计助力39位中国青年科学家。

与其他两个奖项相比，美团更聚焦于推动绿色低碳技术的转化和产业进步。2024年12月深圳马拉松的颁奖台上，选手们收到了由再生塑料餐盒和塑料水瓶制作的“绿色”斗篷。这份特殊的“黑科技”礼物，正是来自美团青山计划的支持。

人民网评论，“青山科技奖”等探索都是重要的尝试；以互联网平台为牵引，吸纳更多社会力量关注、参与科技奖励活动，能在很大程度上凝聚创新创造的力量，为推动科创攀上新的高峰厚植人才基础。而绿色科技带来的可持续发展动能，最终将会回馈到企业和社会。

今天的资助者，也会是明天的受益者。今天的行动者，也会是明天的收获者。

智能向善引导技术平权，有爱世界更无“碍”

人类学家玛格丽特·米德有一个经典论断：“人类文明最初的标志是一段愈合的股骨。”

在茹毛饮血的远古时代，断了股骨的人，除非得到他人帮助，否则必死无疑。因此，一段受伤后愈合的股骨，表明伤者得到照顾并慢慢康复，弱势群体的生存得到关照，这是文明的起点。

《咬文嚼字》编辑部发布2024年十大流行语，选入一个词——智能向善。当慈善插上数字化技术的翅膀，帮助弱势群体打破更多生活中的“障碍”，也意味着文明又迈上了新台阶。

过去一年，人工智能应用全面爆发，AI辅助驾驶、AI画面生成、AI语言模型……人工智能正在引领数字创新，加速人类生产生活变革。随着技术的不断迭代，搭载AI技术的数字化设备正逐渐成为视障者的眼、听损者的耳、肢体残障者的腿和手，帮助更多残障人士和弱势群体重新连接世界。

从阿里巴巴到美团、华为、腾讯……众多中国企业都加入到这场“爱心接力”的进程中，以智能向善之心，引导一场“技术平权”的革命，悄悄改变着无数弱势群体的生活。

在位于浙江省杭州市临平区的遇乐文化传媒有限公司，听障主播小七姐姐面向镜头，打着手语推销着琳琅满目的商品。这种没有吆喝、没有音乐、没有捧哏的直播间独特又充满力量。这家公司80%的员工都是听障人士，涵盖主播、助播、场控、中控等岗位。

“我的姐姐、姐夫是听障人士。多年来他们找工作、生活不容易，我都看在眼里。”遇乐CEO娄诚表示，相较于传统直播达人，听障主播的人均转化率更高，退货率更低，证明市场逐渐接纳了这一群体。

就业，对于残疾人实现自给自足、更好地融入社会生活有着极为关键的意义。2024年11月，阿里巴巴联合中国残疾人就业创业网络服务平台所做的调查显示，近七成残疾人希望在获得同等就业机会的同时实现同工同酬。同时，残疾人普遍期待多样化的就业服务以及系统化、专业化的支持。

近年来数字经济蓬勃发展所衍生的电商、直播、短剧等行业，为残障群体就业提供了更多的可能。据统计，仅在淘宝平台上，目前就有约10万名残障商家，但其中70%~80%为年GMV仅约10万元的中小商家，面临高运营成本与低收入的双重挑战。

在对残障商家的帮扶上，淘宝引入其AI产品“生意管家”，并向全平台所有认证的残障商家提供为期3个月的免费使用权益。这款淘宝平台上专为商家打造的AI助手，集成了素材生成、数据服务、经营代理等功能，能够为残障商家显著节省成本、提升转化率。

在AI的助力下，越来越多的残障商家拥有了“被看见”的权利。而这种“被看见”和“被理解”的渴望，也广泛存在于残障群体的日常需求里。

在讨论数字化时代下对于弱势群体的保护时，人们往往会提到“数字鸿沟”这一概念——即信息贫弱者和富有者之间的代沟。

在北京语言大学教授李宇明看来，保障残障人群的生活和信息无障碍，消极目标是防止这些特殊人群被社会边缘化，积极目标是希望他们在数字科技的加持下能够共享人类文明，乃至为人类文明做出贡献。李宇明表示，“无障碍社会应成为数字时代的美好理想”。

在2025年的蛇年央视春晚上，首次推出视障版和听障版的无障碍转播，也是春晚网络转播中第一次采用实时字幕技术。近年来，北京、上海、河北等地的12315市民热线已经有针对听障群体的文字、手语视频等沟通途径。公共服务正在不断地迭代进化中抹平“数字鸿沟”，为弱势群体展现更多的善意与温度。

而在这场“技术平权”的革命里，人工智能等技术的作用极为重要。

在最新的鸿蒙Next系统中，利用AI技术，系统能对屏幕上的内容，包括复杂的网页布局、动态信息等进行精准识别和清晰朗读。视障用户只需唤醒语音助手，就能获取屏幕上的各种信息，如新闻内容、应用操作提示等，大大提升了他们使用电子设备的自主性。

视障人士在超市购物时，能询问手中商品的名称、价格；在路上行走时，能知道前方道路标志的含义；设备还能为用户提供精准的导航服务，实时感知周围环境中的障碍物，通过语音提醒用户避开。

而高德地图的无障碍轮椅导航自2022年11月上线以来，已累计为用户提供超过1.5亿次无障碍路线规划，覆盖全国超过58座城市。科技的力量，让很多生活和出行不便的残障朋友也能享受到同等的便利和尊严感。

科技对于残障者的关怀，不仅在于提升日常生活的便利性，更在于为他们拓宽对世界的观察维度。

在2024世界人工智能大会上，一款面向孤独症儿童的绘本工具“追星星的AI”引发了广泛关注。这款基于阿里通义大模型的工具，只需要输入一句话介绍故事梗概，AI很快就能自动生成一篇图文并茂的绘本故事，并支持自动朗读。

参与项目的志愿者褚韩龙是一位星宝爸爸，在产品开发过程中，他向项目组提出了许多具体需求。“绘本是他们认知世界的重要窗口，”褚韩龙介绍，孤独症儿童很多属于“视觉系”，优先接受视觉提示。然而在实际生活中，星宝之间的差异很大，亟须定制化、个性化的教育方式，因此很多家长很难找到适配自己孩子的绘本。

AI多模态技术的出现，为突破这一难点提供了新的可能。在通义算法工程师李晨亮看来，与大部分AIGC产品不同，“追星星的AI”这个产品并不追求构图复杂，而是针对孤独症儿童的认知特点，力求画面简洁、人物突出，文风画风平实直接，却为这群孩子打开一扇遥望未知世界的窗户。并且，这一产品是完全根据ModelScope-Agent开源框架设计的，这恰恰是技术平权为人类提供福祉的体现。

在日常的衣食住行之外，对于残障群体精神生活的关注，也成为“技术平权”的重要领域。

“画面上出现一只毒蜘蛛正在蛛网上缓慢爬行，透过蛛网看到，这里是东南亚某警局工作室……”2024年5月19日是全国助残日，用户洛欣发现，优酷无障碍剧场上线了胡歌的讲述语音包。略显低沉的声音和抑扬顿挫的语气变化，让洛欣不光感受到故事的精彩，还有来自明星本人的陪伴感。

其实，此次胡歌的讲述语音包是由AI制作而成，这也是国内视听平台首次运用AI技术合成明星艺人声音，用于无障碍内容制作。在洛欣看来，优酷无障碍剧场推出的胡歌讲述版本，让她有着很强烈的被尊重感。

近年来，不少影视作品都在向视障群体推出“无障碍版本”。2024年初，腾讯视频的“无障碍剧场”首批上线了115部高分影视作品，以视障人群“看得见”的方式为他们提供优质的视听盛宴。

一部无障碍影片的制作，包括撰写脚本、配音、合成视频等流程。在以前，撰写无障碍电影的脚本时，专业制作者需要反复观看电影13~15遍，找出影片中可插入解说的“间隙”，才能进行脚本编写、配音合成，完成整个过程大概需要30天。

而通过腾讯自研的多模态长视频理解大模型，可实现对镜头、片段、视频的层级化剧情理解，且能够通过智能识别，自动找全需要补充解说的间隙，并生成画面描述的脚本初稿，供制作人员参考。如今，一部无障碍电影的生产过程可以压缩到10天，整个生产效率提升至原来的3倍。

在AI的“加持”下，影视、游戏、动画等数字作品正突破残障群体面前“隐形的墙”，让他们都能在艺术中，找到属于自己的光。

盲人教师、作家刘芳在散文集《石榴青青》里写道：“一条河在地面奔腾时是一条河，在地底下流淌时仍然是一条河，当它们面对大海的时候，它们的灵魂是平等的。”

2024年的《政府工作报告》提出，加强健康、养老、助残等民生科技研发应用，“科技助残”纳入科技强国建设。未来在AI等技术的加持下，也许我们真的能填平现实的鸿沟，让每个人都能在阳光下自由成长。

延伸阅读

8507名在职残障骑手：送外卖托举“小小的我”

“不只是钱，我有工作，是尊严。”2025年元旦上映的电影《小小的我》里，有这样一个场景，脑瘫少年刘春和获得了一份咖啡馆的工作，尽管工资仅有1128元，但他异常高兴。

这部电影，展现了残障群体在就业困境中的挣扎与突破。也恰恰是现实中8500万中国残障人士的生存镜像。据《中国残疾人事业研究报告（2023）》显示，仍有1000多万就业年龄段残障人士未被职场接纳。而在城市的大街小巷，一群穿着黄色工装的外卖骑手，正在用车轮丈量生命的尊严。

南昌骑手小龙的手机里，保存着5年前他第一次穿上骑手工装的照片。这位因高烧致残的脑瘫患者，曾经历过23次求职失败。“工厂保安看到我颤抖的手就摇头，餐馆老板觉得我表情僵硬会吓跑客人。”

命运的转折发生在2019年，当他在美团App完成注册的瞬间，系统并未设置任何“面试”门槛。“这是人生第一次，我获得了平等的入场券。”

在南京市浦口区，也有一位和小龙相似的“慢骑手”。27岁的张国庆，在7岁时被确诊先天性脑瘫，大专毕业后的他因身体原因“毕业即失业”。为了自食其力，2023年12月，张国庆成为一名外卖骑手。“刚开始，肢体不协调的我连电动车都骑不稳。一次次摔倒，我就一遍遍练习，不肯服输。”

当他们在路上反复练习骑车时，当他们把商户地图刻进脑海时，这个曾被定义为“需要照顾”的生命，正在重新找到自己的价值。这样的蜕变并非孤例，公开数据显示，截至2024年11月底，美团已有8507名在职残障骑手，喜马拉雅残障主播数超过10000名，还有不少残障人士积极参与在线教育、网店微商等工作。他们都在工作中找到重新自我实现的机会。

这份平等背后，正是互联网时代就业形态的革新。弹性工作制、按单计酬、智能派单系统等技术红利，为残障群体撕开了传统职场的铁幕。

在长春，站长冯德军从事外卖配送长达9年，一路从骑手晋升到站长，他负责的站点，最多时有16名听障骑手，被称为“无声外卖站”。“记得几年前有听障人应聘骑手工作，考虑沟通不便，影响用户体验，我婉拒了。但心里很不是滋味。他们可选择的工作机会很少。”后来，站里招用了几名听障骑手，他们成功跑单之后，打消了冯德军的顾虑。

一开始，听障骑手跑单并不容易，“用手语反复比画，急得直冒汗”是很多新入行的听障骑手面临的沟通难关。

为了解决这些难题，美团上线并持续更新了“听障关怀功能”，新版本取消了原有的电话联系功能，在App显著位置支持IM（即时通讯）在线沟通语音转文字，帮助解决骑手送餐中的沟通难题；新增“残障骑手标识”，用户提前了解听障骑手的身份，便于增进理解。

这些看似微小的改变，实则是残障群体融入社会的关键一步。电影中的刘春和说：“我从来都不想要这个命，我只是想让你们看见，再渺小，再破碎的我，也是完整的我。”让每一个“小小的我”得以完整，需要的是政府、社会、企业、个人的共同奔赴。

在内蒙古，骑手嘉文发现用户看到标识后提前开门；在上海，有博主为听障骑手打赏时留言“你值得尊重”；在广州，商户专门为残障骑手设置快速取餐通道。

这些温暖的细节，印证着《“十四五”残疾人保障和发展规划》强调的“机会平等”正在落地开花。

年度热词

新《中华人民共和国慈善法》：2024年9月5日，修订后的新《中华人民共和国慈善法》正式施行。新慈善法有三大亮点：一是填补网络个人求助法治空白，二是新设专章规范“应急慈善”管理，三是强化慈善组织及责任人的法律责任。

社会急救圈：在心搏骤停等紧急情况下，医学界强调的“黄金救援时间”仅为4~6分钟，而城市救护车的平均到达时间通常为8~13分钟。为填补医护人员到场前的急救“空窗期”，提高急救成功率，不少城市探索通过科技手段构建“5分钟社会急救圈”，在专业急救人员到达之前，快速连接具备急救技能的志愿者、急救设备和患者，让第一目击者成为第一响应人。

碳积分账户：碳积分账户是指由互联网平台或金融机构为个人建立的，记录个人在日常生活中的低碳减排行为，并将这些行为转化为碳积分的数字化账户。碳积分账户就像一个记录日常低碳行为的“存折”，通过减少碳排放的行为，如使用公共交通、减少用电等，就能积累碳积分。这些积分可以用来兑换各种奖励，如优惠券、折扣，或进行一些公益项目。

智能向善：“智能向善”入选《咬文嚼字》编辑部发布2024年十大流行语。它指的是人工智能的发展必须有利于更好增进人类的福祉，既能够推动产业变革和经济发展，又能够让社会更加美好，实现可持续发展。我国高度重视人工智能的发展、安全和治理，“以人为本”“智能向善”的发展理念，已成为打造全球人工智能良好生态的基石。

专家观点

数字平台企业社会价值共创的实现机制
——基于美团“青山计划”的纵向案例研究

肖红军 张 哲 王 欣

党和国家对数字平台企业的社会价值创造功能予以充分肯定，对数字平台企业更好地参与解决社会问题和推动社会进步寄予厚望。数字平台企业的社会价值创造活动通常依托“共创”模式展开。

数字平台企业社会价值共创模式并不是单一的、静态的，也不是随机生成的，而是在内外环境条件变化触发组织动态能力的作用下，数字平台企业的社会价值共创动机和行为特征都会相应变化，形成与之匹配的、动态演进的社会价值共创模式。

美团是我国数字平台企业的典型代表，也是行业内最早开展绿色价值共创实践探索的科技零售公司。随着餐饮外卖的流行引发塑料包装使用量和塑料废弃物的快速增加，社会各界对外卖平台企业参与解决塑料污染问题寄予很大期望，对外卖平台企业形成较大的环保舆论压力。作为对外界压力的回应，美团于2017年8月在美团外卖App上线“无需餐具”选项，通过新闻发布会正式发起外卖行业首个关注环保议题的行动——“青山计划”。

“青山计划”启动8年来，美团通过不断与新的利益相关方建立链接并携手共创绿色价值，分3个阶段展现了数字平台通过边界跨越并与平台生态新入者协同创新的社会价值共创过程。

一、案例发现

第一阶段：边界跨越与公益式社会价值共创（2017年8月至2020年8月）

美团在“青山计划”实施初期，主要采取“公益式”绿色价值共创模式，表现为纯粹的公益导向和成本投入，没有考虑商业利益和商业回报。从实施方式看，美团主要通过自身单方面投资、协同新边界内主体进行不计商业回报的公益行为开展绿色价值共创。

例如，美团与品牌外卖商家合作推广绿色包装和餐具使用（成本相对较高），主要是基于这些商家的社会责任感和美团的单方面成本投入；对社区塑料回收模式的探索，主要由美团为主投入人力物力、说服垃圾回收企业自愿减少回收收益的方式协同推进。

公益式绿色价值共创模式极大依赖美团的领导作用和资源投入，绿色价值共创的规模成效还较为有限，“量级很小”。在绿色包装替代领域，自愿的绿色包装源头替代模式仅局限于少量具有社会责任感的品牌商家参与。在塑料回收领域，虽然美团针对写字楼、门店开展塑料回收尝试，但合作模式还处于单点探索中，且对于很多合作者而言，参与回收的经济性和可持续性未得到验证，因此回收环节的绿色价值共创参与主体仅局限于个别社区、个别城市。在环保公益领域，“青山公益基金”和“商家捐”的公益捐赠模式成效尚未显现。

第二阶段：连续边界拓展与共享价值式社会价值共创（2020年9月至2022年8月）

面对“双碳”目标和“绿水青山就是金山银山”理念带来的机遇，在绿色价值蕴含商业价值的机会驱动下，美团着眼于绿色价值共创的规模化和可持续性，审时度势地对“青山计划”实施模式进行调整和转型，由公益式绿色价值共创模式转向共享价值式绿色价值共创模式。

在这一新模式下，“青山计划”通过解决外卖塑料包装和塑料废弃物的环保问题，为平台生态边界内各主体创造商业价值，实现绿色价值与商业价值的协同。美团基于创造共享价值理念，推动新边界内成员在多个细分领域探索既能实现绿色价值创造目标、又能为参与方创造商业价值的新型共创模式。

例如，“小份菜”业务模式不但减少了食物浪费、赢得了很多消费者的好评，而且为外卖商家带来了更多订单量和可观的商业价值。根据美团《小份菜报告》的统计，一些餐厅上线小份菜后，订单量增幅超过了300%。在绿色包装技术产业化及新产品市场化模式下，美团协同外卖商家开展塑料降解吸管等产品核心技术的研发和产品市场化，既创造了绿色价值，又为外卖商家节约了成本。

共享价值式绿色价值共创模式激发了新边界内成员参与的积极性，突破了新边界内绿色价值共创主体规模小、绿色价值共创成果量级小的“规模瓶颈”，产生了初具规模的绿色价值共创成效。

第三阶段：边界稳步扩张与共益式社会价值共创（2022年9月至今）

在为社会低碳转型作出贡献、推动社会进步的新使命和新目标驱动下，美团对前一阶段的共享价值式绿色价值共创模式进行迭代升级，发展形成新的共益式绿色价值共创模式。

在这一模式下，美团着力构建并初步形成“人人可参与”的绿色低碳开放生态，让数字平台原有商业生态之外的更多新入者群体接入绿色价值共创边界和协同创新。同时，不仅坚持让新边界内成员参与绿色价值共创能够获得共享价值，而且越来越强调绿色价值共创成果向全社会的辐射共益，实现绿色价值共创的边界内成员共益和边界外社会共益。

例如，在环保公益领域，随着“青山公益基金”捐赠主体和捐赠额的持续增加，美团在多个环保议题上联合社会组织、志愿者和社会公众开展绿色价值共创，受益人群开始突破新边界内共创主体生态，不断向社会溢出并实现共益。美团通过庞大的环保公益宣传网络，将低碳环保理念辐射到全国500个以上街道社区，影响上千万人，环保理念宣传类内容的点击量累计超过30亿人次。2022年资助的28个生态修复项目成效初显，2023年又带动124家企事业单位参与自然保护地环保解决方案设计与实践，新边界内的绿色价值共创向自然保护地生态保护方向溢出。

共益式绿色价值共创模式推动形成“公益”和“减量、替代、回收”并举的塑料污染治理与绿色价值共创的可持续型解决方案，产生显著的绿色价值共创规模化成效，各绿色价值共创“板块”全面实现量级的规模化增长。

二、数字平台企业社会价值共创模式演变：从公益式到共享价值式再到共益式

研究发现，当数字平台企业开展社会价值共创时，数字平台提供的价值共创激励呈现阶段性演化特征，由此推动共创主体的社会价值共创行为模式表现出动态迭代性，由最初的公益式社会价值共创模式迭代升级为新情境下的共享价值式社会价值共创模式，最后在更高层次和更大范围进一步迭代升级成共益式社会价值共创模式。

在第一种模式下，数字平台虽然吸纳多元的价值共创主体参与并初步实现边界跨越，但参与者缺乏长期激励而难以实现新边界内成员规模的突破，导致社会价值共创效果面临规模化瓶颈。

在第二种模式下，通过将商业价值嵌入社会价值共创中，推动新边界内各主体在多个社会价值共创领域围绕共享价值开展协同创新，破解了共创主体缺乏长期激励的问题，实现了共创主体的规模化突破。

在第三种模式下，进一步突破新边界内各主体的社会价值共创和创造共享价值，构建形成“人人可参与”的社会价值共创开放生态，边界内主体间、边界内主体与边界外主体间、边界外主体间均可在数字平台企业搭建的开放生态中开展协同创新，推动社会价值共创主体规模的跃升，不但让新边界内的共创主体各得其所，而且让共创价值形成社会化辐射，实现社会价值共创的边界内成员共益和边界外社会共益。

相比第一种模式和第二种模式，共益式社会价值共创模式在使命驱动、制度逻辑、价值网络、价值创造范畴和承载组织形态上更为高阶。

三、实践启示

从数字平台企业实践来看，启示主要包括：

第一，当数字平台企业面对社会价值共创这一新领域时，动态能力发挥对于其开启社会价值共创尤为重要。在此过程中，数字平台企业应注重在组织内寻找边界跨越者，以对外部环境条件动态监测，抓住开展社会价值共造的机会。

第二，数字平台基于社会价值目标进行边界跨越时，可以采取复刻数字平台网络效应管理模式的策略。通过协同创新打造具有持续性、激励性的社会价值共创模式，发挥典型示范的作用，“极化”吸引同类主体大规模参与社会价值共创，产生社会价值共创的网络效应。

第三，数字平台企业应注重与边界新入者进行社会价值共创模式的协同创新与探索，为边界新入者整合资源进行社会价值共创提供广阔途径和多元化载体。

第四，数字平台企业应当注重对不同类型主体参与社会价值共创的激励设置，可以通过嵌入商业考量或采用恰当非商业性激励，实现创造共享价值形态和单一社会价值形态两类不同的社会价值共创结果。

第五，头部数字平台企业应有更高站位，形成更高位阶的使命驱动，通过“共益式”社会价值共创推动广泛群体福祉的普遍持续增进。

从政府政策制定来看，启示主要包括：

第一，构建适宜的诱导性制度，加强对数字平台企业自觉履行社会责任、开展社会价值共创行为的引导和激励，增强数字平台企业有效管理业务负外部性、参与解决社会问题、创新社会价值共创模式的内生动力。

机会驱动和使命驱动是数字平台企业开展社会价值共创的高阶动力，对于社会价值共创的可持续性至为关键。对于数字平台企业，应通过科学引导和正向激励提升其社会价值共创意识与能力，增强其开展社会价值共创的机会驱动和使命驱动，不仅有效规避可能出现的“社会脱嵌”行为，而且激发其实施共享价值式和共益式社会价值共创行为的自觉性。

第二，构建促进数字平台企业社会价值共创的多元协同机制，发挥政府、平台生态主体、社会力量的治理功能和监督作用，推进数字平台企业社会责任的生态治理和精准治理。

一方面，通过尽责型自治、督责型互治和拓责型共治等生态治理的多种方式，推动形成全方位和立体化的数字平台企业社会责任治理体系，为数字平台企业社会价值共创提供治理基础。

另一方面，识别、梳理和细化数字平台企业履行社会责任的重点领域、关键议题和薄弱环节，将其作为推动数字平台企业开展社会价值共创的着力点和重点，通过有针对性的社会价值共创活动实现数字平台企业社会责任的精准治理。

城市案例

北京

2024年8月16日，美团无人机与八达岭长城联合推出无人机配送，这是北京首条常态化无人机配送航线。

2025年3月，北京国地共建具身智能机器人创新中心自主研发的“天工”人形机器人，在电力系统中完成了245母联柜的合闸、分闸等复杂操作。这是全球首例人形机器人参与电力巡检的案例。

北京国家老年大学2025年春季招生爆满，合唱课在5分钟内就被抢光，京剧、藏族舞、杨式太极拳等26个班级课程在招生通道开启8小时后报满。

“亚洲最大社区”北京天通苑升级成为全国首批“骑手友好社区”之后，外卖骑手高峰期送单平均每单节省15分钟。

北京中轴线上，活跃着2万多名“数字打更人”，记录文物古建的保存状态。

上海

2025年1月20日起，上海消费者购买“国补”12大类、数码3大类以及上海市7大类补贴产品，均可享受15%~30%的补贴，新一轮政策的补贴范围、补贴力度、支付便捷程度等都堪称历年之最，咖啡机、扫地机器人、居家适老化改造等均被纳入补贴范围。

2025年2月10日，上海市民政局宣布在浦东、杨浦等9个区启动陪诊服务试点，数据显示，上海独居老人达30万人，沪上陪诊师的缺口已达12万人。

上海将养老护理员列入急需紧缺高技能人才职业（工种）目录，养老护理员可享受上海市人才引进等政策支持。

家住嘉定区的王阿婆，常在“真心食尚”智慧助餐平台订餐，足不出户就能吃到光明邨鲜肉月饼、泰康蝴蝶酥这些上海老字号。

天津

2025年3月15日，天津站驶出的“京铁乐游”银发旅游专列，以12天串起江西、湖南、广东三省5个5A级景区及6个4A级景区，并配有随车的医疗组，见证着适老化服务从概念到落地。

河西区全区150个社区用上了数字社工AI“河小西”，停电了在手机上点一点就能提交故障报修。

体操奥运冠军陈一冰在家乡天津的“乡村儿童操场”上，给孩子们带来了一场充满欢乐的“冠军体操课堂”。

广东

深圳全力发展AI，2025年发布《深圳市加快推进人工智能终端产业发展行动计划（2025—2026年）》，指出到2026年，全市AI终端产业规模将达8000亿元以上、力争1万亿元，集聚不少于10家现象级AI终端企业，AI终端产品产量突破1.5亿台。

2024年12月，美团无人机福田口岸航线正式开航。这条跨境航线通过对接微信港币钱包，实现“香港下单、深圳取货”。

在广州市番禺区石楼镇石一村文化广场，坐落着一个由2000条美团单车和电单车的废旧轮胎回收再生而建成的塑胶球场。

东莞市的全国首个“社会急救4分钟救援圈”已救助18189人，其中成功救助67位突发心脏骤停患者。

浙江

浙江省民政厅等10部门印发了《关于加强养老领域人才队伍建设的实

施意见》，支持引导更多学校开设老龄和养老服务相关专业，扩大招生规模。

2025年，优必选宣布其旗下的人形机器人已经进入位于宁波市的极氪5G智慧工厂，开展了全球首例多台、多场景、多任务的人形机器人协同实训。

丽水市缙云县民政局联合光大百龄帮缙云养老院推出“跨代共居，共享生活”陪伴式养老管理服务模式，让年轻人住进养老院，通过累积养老服务时长兑换住宿资格、抵扣房租。

杭州市第一人民医院下沙院区为外卖骑手、快递小哥和网约车司机设置了专属挂号窗口、绿色就医通道，还有专属“躺睡”休息区、专属停车区。

在杭州市临平区的遇乐文化传媒有限公司，听障主播小七姐姐面向镜头，打着手语推销着琳琅满目的商品。这家公司80%的员工都是听障人士，涵盖主播、助播、场控、中控等岗位。

江苏

2024年，苏州市出台加强新就业群体“友好”场景建设的指导意见，在新就业群体工作和生活集聚区，重点推出一批新就业群体“友好社区”“友好商圈”“友好楼宇”“友好园区”“友好停车场”，为新就业群体工作生活提供便利。

昆山市绣衣社区为30多户独居老人免费安装5G人体感应设备、烟感器、智慧水表等，实时监测有无异常数据，为独居老人围起了一道数字“安全篱笆”。

山西

在山西省临汾市永和县，这个常住人口只有2万多人的小县城，活跃着100多名数据标注员，其中70%都是宝妈。

《黑神话：悟空》上线时，山西景区旅游热度环比激增156%，隰县“小西天”门票订单暴涨300%，游戏爱好者带着截图实地“打卡”。

在大同市云冈石窟景区，不少游客打开了“三晋绿色生活”小程序，走路、坐公交都能攒碳积分，还能用积分兑换文创纪念品。

福建

美团试点骑手补贴养老保险在福建省泉州市、江苏省南通市城区两个先行试点区域，预计有超过2.2万名外卖骑手被覆盖其中。

漳州市出台了《关心关爱网约车司机群体若干措施（试行）》，在网约车平台派单、柔性执法、网约车保险优惠便利、医疗互助、灵活就业人员公积金缴存等方面提出12项具体举措，提升网约车司机群体的获得感和幸福感。

刀郎厦门站演唱会见证了中老年人的狂欢，1280元的内场票被炒出4万元的高价，观看者以中老年居多，场外还有黑压压一片、挥舞着红旗、拿着刀郎海报，在场外全程合唱的中年男性群体。

2024年6月，上杭县中都镇遭遇水灾，当地村民丘先生在线上领取了4张面值50元的“暖心券”，去镇上超市买了米油、挂面和一些日用品。

四川

2024年10月，外语并不灵光的川西汉子在318国道川藏线上首次接待了来自马来西亚的国际游客。

海拔4860米的达古冰川上，南京大学朱嘉教授团队为冰川盖上了厚厚的“防辐射冰被”。自2022年以来，试点地区的冰川消融速度已减缓80%。

西藏

日喀则市亚东县自2024年7月接入美团外卖后，这座边境小城也可以点到茶百道奶茶外卖了。

2025年1月7日，在日喀则抗震救灾过程中，当地24小时药店和美团健康一起紧急调拨应急药品，仅用了5个小时，就将首批应急物资送到震中。

新疆

2024年8月，全国第1000亿件快递送达昌吉回族自治州昌吉市，“江浙沪包邮区”已经升级为“疆浙沪包邮区”。

新疆最北端的阿勒泰，在电视剧《我的阿勒泰》的带动下迎来“泼天流量”，2024年5月以来，“阿勒泰旅游”搜索量同比暴涨5倍。

辽宁

在沈阳，超过2000名外卖骑手注册成为“食品安全卫士”，协助市场监管部门揪出“幽灵外卖”“影子店铺”。

山东

建于20世纪70年代的淄博市胜辛社区，拥有3000多个“智能警告装置”，构筑起了一道“智能安全网”。

内蒙古

一位顾客通过平台上线的“残障骑手标识”，在看到标识后提前开门迎接，让外卖骑手嘉文十分感动。

江西

美团骑手许龙庆在南昌市跑单5年，送出超过30000单外卖，一共攒下了8万余元。他小时候因为发烧不幸成为脑瘫患者，但外卖骑手这份工作让他变得更加真诚、自信、勇敢。

图书在版编目（CIP）数据

2025从数字生活到数字社会：中国数字经济年度观察 / 美团社会价值中心编著. -- 北京：经济管理出版社，2025.9. -- ISBN 978-7-5243-0565-1

Ⅰ. F492

中国国家版本馆CIP数据核字第2025J61C35号

责任编辑：乔倩颖
责任印制：许　艳
责任校对：王纪慧

出版发行：经济管理出版社
（北京市海淀区北蜂窝8号中雅大厦A座11层　100038）
网　　址：www.E-mp.com.cn
电　　话：（010）51915602
印　　刷：北京飞帆印刷有限公司
经　　销：新华书店
开　　本：710 mm × 1000 mm/16
印　　张：13
字　　数：184千字
版　　次：2025年9月第1版　　2025年9月第1次印刷
书　　号：ISBN 978-7-5243-0565-1
定　　价：69.00元

联系地址：北京市海淀区北蜂窝8号中雅大厦11层
电话：（010）68022974　　邮编：100038